Renate Haider   Franz Wagner

Bildung Goes Market

Aspekte neoliberaler Bildungsreform

© 2016 Renate Haider / Franz Wagner
Autoren: Renate Haider / Franz Wagner
Umschlaggestaltung, Illustration: tredition / Wagner
Verlag: tredition GmbH, Hamburg
ISBN: 978-3-7345-4028-8
Printed in Germany

Bibliografische Information der Deutschen Nationalbibliothek:
Die Deutsche Nationalbibliothek verzeichnet diese Publikation in
der Deutschen Nationalbibliografie; detaillierte bibliografische Daten sind im Internet über http://dnb.d-nb.de abrufbar

Inhaltsverzeichnis

Abbildungsverzeichnis

1 Zur Aktualität der Fragestellung

Die Bedeutung der Bildung findet in der Gesellschaft große Aufmerksamkeit und führt auch zu vielen Diskussionen. Die Globalisierung rückt Funktionen der Bildung in den Mittelpunkt. Es wird argumentiert mit der Zeit zu gehen, dem technischen Fortschritt standzuhalten und sich fit für die Zukunft zu machen. Schon im Kindergarten und in der Grundschule scheint es wichtig, die Kinder möglichst gut zu fördern, damit sie dem hohen Leistungsstandard entsprechen können. In Politik und Wirtschaft wird häufig appelliert, dass Bildung bzw. Ausbildung der Schlüssel zum Erfolg sei und die Voraussetzung für eine erfolgreiche Berufskarriere darstelle. Die Bedeutung der Bildung hat sich in den letzten Jahrhunderten gewandelt. Stand früher vor allem der humanistische Charakter der Bildung im Mittelpunkt, geprägt vor allem durch Erziehung und Lehre, so nimmt in der Gegenwart jedoch die Position des Humankapitals eine entscheidende Rolle ein. Diese Einstellung gegenüber der Bildung ist stark von wirtschaftspolitischen Argumenten geprägt. Die bildungspolitischen Reformen der vergangenen Jahre wirken stark in Richtung Privatisierung, Liberalisierung bzw. Kommerzialisierung des Bildungswesens. Dieser Trend ist nicht nur im deutschsprachigen Raum zu erkennen, sondern vollzieht sich weltweit. Dabei bildet das neoliberale Paradigma und in diesem Zusammenhang die Bildungsökonomie mit ihrem Kernkonzept der Humankapitaltheorie die Grundlage. Die Investitionen in Humankapital beschränken die Bildung auf primär ökonomische und messbare Werte; das Bildungswesen wird der neoliberalen Marktlogik untergeordnet.

Im internationalen Raum sind vor allem die Weltbank, der Internationale Währungsfond (IWF) und die Welthandelsorganisation (WTO) mit ihren supranationalen Verträgen, welche die Marktlogik vertreten, tätig. Auf europäischer Ebene wird dieser Liberalisierungs- und Kommerzialisierungtrend von der Europäischen Union, sowie von der Organisation für wirtschaftliche Zusammenarbeit und Entwicklung (OECD) vorangetrieben. Schließlich bildet die nationale Ebene die Ausführungsebene, die mittels Reformen die neoliberale Marktlogik durchzusetzen hat.

Der vorliegende Text beschäftigt sich mit der Ökonomisierung der Bildung nach neoliberalem, wirtschaftspolitischem Modell. Grundsätzlich wird das Vorhaben der Ökonomisierung dem neoliberalen Denkmuster zugeschrieben. Vor allem Bereiche wie Bildung, Gesundheit und Versorgung werden in diesem Kontext der marktwirtschaftlichen Logik unterworfen. Diese Unterwerfung zieht soziale Probleme mit sich. Speziell der Bildungsbereich eignet sich besonders gut für eine Analyse dieser Ökonomisierungstendenzen, da Bildung direkt in persönliche Selbstentwicklung, individuelle Lebens-entwicklung und Gestaltung sozialer Verhältnisse eingreift.

Die beschriebenen Entwicklungen werfen zentrale Fragen auf:

Wie und durch womit setzt sich die neoliberale Denkweise und die damit einhergehende Ökonomisierung im Bildungswesen durch? Welche Folgen hat dies für die Betroffenen?

Um Antworten zu ermöglichen, ist es zuerst wichtig, sich mit der Entstehungsgeschichte des Bildungsbegriffs zu beschäftigen und zu analysieren, welche Faktoren dazu beigetragen haben, dass ökonomische Trends und Argumente aktuell den Bildungsbereich dominieren. Des Weiteren spielt dabei die Bildungsökonomie eine entscheidende Rolle, deren Kernkonzept die Humankapitaltheorie darstellt. In dieser Gedankenkette spielt vor allem der Neoliberalismus eine übergeordnete Rolle. Jene eben genannten Theorien und Konzepte werden im Rahmen dieses Textes vorgestellt und diskutiert, um oben erwähnte Forschungsfragen beantworten zu können und die möglichen Folgen dieser Antworten einschätzen zu können.

Zu Beginn (Kapitel 2) wird in diesem Arbeitstext genauer auf den Bildungsbegriff eingegangen. Bildung wird dabei als Kofferbegriff formuliert, da es keine einheitliche Definition gibt. Anfangs werden historisch-kulturelle Aspekte aufgegriffen, die sich auf den pädagogischen Bildungsbegriff konzentrieren und die humanistische Bedeutung der Bildung erklären. Daran anschließend werden die gesellschaftspolitischen und wirtschaftlichen Aspekte behandelt, dabei werden soziologische Themenaspekte der sozialen Ungleichheit und Selektion vorgestellt und in diesem Zusammenhang die damit einhergehenden wirtschaftspolitischen Entwicklungstendenzen.

Das dritte Kapitel beschäftigt sich mit der Bedeutung von Bildung als wirtschaftlicher Faktor. Es wird der geschichtliche Verlauf der bildungsökonomischen Idee beschrieben, sowie auf die Grundlagen des Humankapitalkonzeptes eingegangen. Nach der historischen Analyse der Bildungsökonomie nach Kondratjew erlangt die Wissensgesellschaft an Bedeutung; so wird in diesem Abschnitt kurz auf die Bedeutung von Wissen bzw. Wissensgesellschaft in Verbindung mit Bildungsfragen eingegangen.

Nach der Darstellung des epochalen Verlaufs der Bildungsökonomie sowie der Bedeutung der Humankapitaltheorie werden im vierten Kapitel die theoretischen Grundlagen der Bildungsökonomie beschrieben. Die Humankapitaltheorie stellt dabei das Grundkonzept dar. Es wird vor allem auf die Bildung als Investition, sowie Kosten, Erträge und Finanzierung der Bildung eingegangen. Überdies wird der Gutscharakter von Bildung (Bildung als öffentliches und privates Gut) beschrieben.

Um den neoliberalen Einfluss auf die Bildung zu analysieren, ist es notwendig das Konzept des Neoliberalismus, seine Entstehung und den Durchbruch zu erklären. Speziell der ökonomische Imperialismus, der das gesamte menschliche Verhalten zum Gegenstand wirtschaftlichen Verhaltens macht, nimmt dabei im Kapitel 5 eine zentrale Stelle ein. Zur Verbreitung dieses Konzeptes und Gedankenguts tragen die neoliberalen *Think Tanks* bei, welche dieses Kapitel abschließen.

Im Anschluss daran wird im sechsten Kapitel auf diesen Grundlagen aufbauend auf die Forschungsfrage vertiefend eingegangen. Dabei ist vor allem interessant, wie und durch wen sich die ökonomische Denkweise in das Gedankengut der Menschen einprägt und welche Folgen das für die Betroffenen hat, ohne dass diese Entwicklung direkt wahrgenommen wird.

Das siebte Kapitel veranschaulicht anhand von Beispielen, wie die neoliberale Strategie die Bildung in verschiedenen Ländern beeinflusst. Das erste Beispiel verdeutlicht die Bildungsentwicklung afrikanischer Entwicklungsländer unter Beeinflussung der globalen Akteure (Weltbank, IWF und WTO). Das zweite Beispiel beschreibt die europäische Bildungsentwicklung am Beispiel der Umsetzung der Bologna-Erklärung in Deutschland. Als drittes Beispiel wird die nationale Bildungsentwicklung in Deutschland herangezogen. Hier wird besonders gut der Einfluss weltweit agierender Konzerne bzw. Stiftungen auf die nationale Gesetzgebung im Bereich der Bildung sichtbar.

Es wird versucht, einen sehr breiten Blick auf das vorliegende Thema zu werfen. Dabei sollen wichtige, zusammenhängende Themen des wirtschaftlichen, politischen und bildungssoziologischen Bereichs integriert werden. Als Ausgangspunktpunkt bildungssoziologischer Reflexionen dienen bildungsökonomische Grundlagen sowie die damit in Verbindung stehenden theoretischen Aspekte des Humankapitalansatzes und der Neoliberalismus als Hintergrundfolie.

2 Bildung: Begriffliche Annäherungen

Da sich diese Arbeit mit Bildungsthemen beschäftigt, ist es unumgänglich, begriffliche Aspekte von Bildung näher zu erläutern. Dies erweist sich als anspruchsvoll, da kein einheitliches Verständnis vorhanden ist. Der Bildungsbegriff wird von vielen verschiedenen Disziplinen verwendet und findet jeweils eine etwas andere Definition und Anwendung. Aus diesem Grund wird Bildung im Rahmen dieser Arbeit als „Kofferbegriff" verstanden, der sich im Laufe der Zeit aus vielen Aspekten verschiedener Disziplinen entwickelt hat und dessen historischer Verlauf nicht verleugnet werden darf. Eine Idee, ein Ansatz, ein Ziel - ohne einheitliche Definition - in den einzelnen Disziplinen aber durch das eine Wort „Bildung" benannt und beschrieben.

Da der Begriff der Bildung eine bedeutende historisch-kulturelle Entwicklung aufweist, ist es an dieser Stelle notwendig, diese aufzuzeigen, um so die Vielfältigkeit von Bildung zu veranschaulichen. Beginnend im 18. Jahrhundert, wo der Terminus „Bildung" im deutschsprachigen Raum seinen Ursprung findet, bis hin zur aktuellen Debatte um den Bildungsbegriff - vor allem die pädagogische Bedeutung der Bildung wird dabei immer wieder thematisiert. Letztlich beeinflussen Globalisierung[1] sowie ökonomische und politische Entwicklungen inhaltliche Dimensionen und Veränderungen des Bildungsbegriffs bzw. des Bildungsverständnisses.

---

[1] Der Begriff Globalisierung dient zum einen als politisches Schlagwort und ist eher negativ belegt, zum anderen beschreibt er eine wirtschaftliche Entwicklung, einhergehend mit einem steigenden Effizienzdruck. Die Globalisierung wird im wirtschaftlichen Kontext auch als Veränderungsprozess beschrieben, bei dem eine globale Verflechtung in Bereichen der Wirtschaft, Politik, Kultur und Umwelt stattfindet. In der Wissenschaft wird teilweise von einer globalen Vernetzung der Welt in wirtschaftlicher, kultureller und politischer Hinsicht gesprochen. (Brock, 2008, S. 7ff)

Gesellschaftspolitische wie wirtschaftliche Aspekte rund um „Bildung" spielen in aktuellen Diskussionen eine zentrale Rolle. Sich darauf beziehend wird auch auf die soziologische Bedeutung des Bildungsbegriffs eingegangen. Die Bildungssoziologie beschäftigt sich hauptsächlich mit der Analyse von ökonomischen, politischen und sozialen Prozessen von Bildung / im institutionalisierten Bildungsbereich und deren gesellschaftlichen und individuellen Folgen.

Es sei noch angemerkt, dass sich die hier erwähnten Entwicklungen vor allem auf den deutschsprachigen Raum beziehen. Wird auf andere geographische Bereiche eingegangen, wird dies gesondert erwähnt.

2.1 Historisch-kulturelle Aspekte

Bildung als Begriff findet seinen Ursprung etwa im 18. Jahrhundert, auch wenn die Bedeutung an sich nicht neu erfunden wurde und viel länger zurück verfolgt werden kann. Er entstammt religiösen, philosophischen Debatten. Vor allem in der Zeit der Aufklärung war der Begriff der Bildung zum Leben erweckt worden. Der Berliner Pfarrer Johann Friedrich Zöllner definierte zu jener Zeit die Begriffe Aufklärung, Kultur und Bildung als neue Wörter der deutschen Sprache, die keine einheitliche Verwendung und Bedeutung fanden. Mendelsohn, ein Aufklärungsphilosph, definiert Kultur und Aufklärung als Bereiche der Bildung, wobei Kultur die Fertigkeiten und praktischen Fähigkeiten umfasst, und Aufklärung das Theoretische, sowie vernünftige Überlegungen, beinhaltet. Gebildet war demnach jemand, der Kultur und Aufklärung verknüpfen konnte. Wobei zu erwähnen ist, dass der Bildungsbegriff auch schon vor Zöllners Zeit verwendet wurde, beispielsweise vom Schweizer Philosoph Johann Georg Sulzer. Jener zieht den Kontext der Erziehung heran, und benennt als Hauptziel die Bildung des Verstandes und des Urteils, sowie die Bildung des Gemüts. (vgl. Horlacher, 2011, S.13)

Die Entstehung des Bildungsbegriffs hängt auch mit der zunehmenden Industrialisierung im 18. Jahrhundert zusammen. Er richtet sich an dieser Stelle vor allem gegen den Utilitarismus[2], sowie gegen das Effektivitätsdenken und die Berufsorientierung der Ausbildung. (Löw, 2006, S. 19)

Es wird deutlich, dass zu jener Zeit Bildung in Beziehung mit mentalen und emotionalen Entwicklungsprozessen, sowie mit praktischen und theoretischen Fähigkeiten des Menschen gebracht wurde. Auch ist zu zu erkennen, dass aufgrund der Industrialisierung die Ökonomie Einfluss auf die (mentale) Entwicklung eines Individuums nimmt - Bildung soll hier als Gegenpol wirken.

Eine bedeutende religiöse Rolle bei der Entwicklung des Bildungsbegriffs spielt der Pietismus, welcher eine *„Reformbewegung des europäischen Protestantismus mit dem Ziel, das religiöse und gesellschaftliche Leben durch die Etablierung einer inneren Glaubenshaltung des Individuums zu erneuern"* ist. (Horlacher, 2011, S. 12) Der Pietismus sah es als Ziel, das religiöse- und das gesellschaftliche Leben eines Menschen zu vereinen und zu verinnerlichen.

Auch die englische Philosophie findet - parallel zum Pietismus - Bedeutung im Zusammenhang mit der Formierung des Bildungsbegriffs. Hier werden Glauben und Vernunft nicht als Widerspruch angesehen und Willensfreiheit sowie die individuelle Verantwortung des Menschen stehen im Mittelpunkt. Die englische Philosophie beeinflusst durch die Formulierung der Seelenlehre und mit dem Konzept „Philosophy of Politeness" des englischen Philosophen Shaftesbury den deutschen Bildungsbegriff. Dieses Konzept bereitete Wege *„soziale, ökonomische und politische Herausforderungen*

---

[2] Utilitarismus bedeutet: *„Nützlichkeitslehre, Nützlichkeitsethik; sozialphilosophische bzw. nationalökonomische Lehre, die als Maßstab für sittlich-moralisches bzw. wirtschaftlich sinnvolles Verhalten lediglich die Nützlichkeit menschlichen Handelns gelten läßt [sic]. Durch das Streben des Einzelnen nach größtmöglichem Nutzen für sich selbst wird die Wohlfahrt der Gesamtheit bzw. der meisten erreicht."* (Holtmann, Brinkmann, & Pehle, 1994; S. 662)

mit traditionellen Vorstellungen von Tugend zu verbinden" (vgl. Horlacher, 2011, S. 19). England war geprägt von politischen Veränderungen, wie der Trennung von Kirche und König und in späterer Folge der Abdankung des Absolutismus und der *Bill of Rights,* hin zu einem parlamentarischen System und Staatssouveränität. Soziale und gesellschaftliche Folgen führen zur Gliederung der Gesellschaft in soziale Gruppen. Es wurde nicht nur zwischen Elite[3] und Masse selektiert, sondern auch eine Unterscheidung innerhalb der Elite wurde vorgenommen. Dabei wurde vor allem auf ein richtiges Benehmen und auf den guten Geschmack Wert gelegt. Ein bestimmtes Auftreten und Verhalten waren wichtig, um der gehobenen Klasse anzugehören. An dieser Stelle können Parallelen zu der Entwicklung des deutschsprachigen Bildungsbegriffs gezogen werden, worin die soziale Selektion ebenfalls schon enthalten war. (Horlacher, 2011, S. 23f)

Bis hierhin ist zu erkennen, dass der Bildungsbegriff viele gesellschaftliche Bereiche tangiert, umfasst und wiederspiegelt. Er entwickelt sich aus religiösen, politischen und wirtschaftlichen Aspekten und kann dennoch bzw. genau aus diesem Grund, nicht einheitlich verwendet werden.

Ende des 18. und Anfang des 19. Jahrhunderts entwickelte sich ein bis heute bedeutendes, pädagogisches Konzept der Bildung. Der englische Philosoph Shaftesbury legte – wie oben erwähnt - den Grundstein mit dem Konzept der Politeness, durch den auch die deutschen Intellektuellen inspiriert wurden. Er verdeutlichte, dass AutorInnen und SchriftstellerInnen eine Schlüsselstelle im Bildungskontext einnehmen: sie haben die wichtige Aufgabe, Ratschläge zu erteilen. Er erkennt jedoch das Problem, dass diese Rat-

---

[3] Elite ist die *„Bez. für eine soziale Gruppe („Auslese"), deren Angehörige sich von der übrigen Gesellschaft durch ihre herausragende, einflußreiche [sic] oder privilegierte, mit Prestige verbundene Stellung abheben; Inhaber von sozialen und politischen Führungs- und Herrschaftspositionen."* (Holtmann, Brinkmann, & Pehle, 1994, S. 140)

schläge oft nicht befolgt werden. Den Grund dafür sieht er in der mangelhaften Ausbildung, welche die wichtige Fähigkeit, das Gespräch zu sich selbst zu suchen, nicht vermittelt. Erst das Gespräch zu sich selbst vervollkommnet - so Shaftesbury - eine gute Erziehung. Daraus entstand das Konzept der Selbstbildung, welches sich nicht durch Erziehung im Sinne von Aufzucht bzw. Ausbildung allein definiert und auch nicht durch Wissenserwerb, sondern als innerer Prozess bzw. Selbstbildung beschrieben wird. (vgl. Horlacher, 2011, S. 28ff) In diesem Sinne kann Bildung als Transformationsprozess bezeichnet werden, der ästhetische und ethische Aspekte beinhaltet. Bildung grenzt sich hier deutlich von der aufklärerischen Erziehungsvorstellung ab und nimmt eine nicht messbare, schöpferische und unsichere Gestalt ein. (Horlacher, 2011, S. 31)

In diesem Fokus dienen die Literatur, sowie auch die Kunst, vor allem jene der griechischen Antike, zur Darstellung und Vermittlung von Bildung. *„Das griechische Konzept der Paideia, der Formung des Menschen zur Vollkommenheit an Leib und Seele"* formt bei der Suche nach dem Bildungsbegriff die Grundlage. (Löw, 2006, S. 20) Der Archäologe Johann Joachim Wickelmann beispielsweise spielte eine wesentliche Rolle bei der Vermittlung der antiken Philosophie und Kultur im deutschsprachigen Raum. (vgl. Horlacher, 2011, S. 37) Griechische Kunstwerke spiegeln das Ideal der Schönheit. Diese Schönheit kann nur zum Ausdruck kommen, wenn der Künstler selbst die Stärke des Geistes in sich fühlt und Körper und Seele eine Einheit bilden. So verkörpern Kunststücke für Wickelmann sehr einflussreiche Gegenstände, die *„die Rolle des Vermittlers zwischen Ideal und Betrachter"* übernehmen. (Horlacher, 2006, S. 38) Aufgrund dessen hat ein Kunstwerk eine lehrhafte und erzieherische Funktion, die folglich Bildung ermöglicht.

Es ist zu erkennen, dass Bildung nun eine etwas präzisere gedanklich konzeptionelle Form annimmt. Sie bekommt einen stark humanistischen Charakter, der kaum messbar ist und stark von Erziehungsprozessen und Lehrinhalten und Kontexten abhängt.

Zu Beginn des 19. Jahrhunderts spielte Bildung in der Nationalstaatenbildung eine wesentliche Rolle. Sie übernahm dabei die Funktion, sich von anderen europäischen Nationen abzugrenzen und rückte somit in den politischen Kontext. In diesem Zusammenhang kann wieder eine Verbindung zu dem Konzept der Politeness und der sozialen Unterscheidung hergestellt werden. Das Bürgertum konnte sich durch Bildung, also durch selbst erlernte oder angeeignete Leistungen, von den vererbten Leistungen des Adels absetzten. Der Schwerpunkt rückte dabei in Richtung Standesbewusstsein. Bildung nahm somit nicht nur eine religiöse und ästhetische Stellung ein, sondern umrahmte durch das politisch und pädagogisch geprägte Verständnis auch die ‚Bildung' einer Nation. Durch die politisch geprägte Bildungsthematik wurde versucht, die Individuen in diesem Sinne zu erziehen. Es verbreitet sich damit die Meinung, dass durch richtige Erziehung die Probleme einer Generation nicht auf die nächste übertragen werden sollten. An dieser Stelle wird Bildung mit Erziehung eng verknüpft. (Horlacher, 2011, S. 39ff)

Dass die Bildung in der Nationalstaatenbildung nach wie vor eine bedeutende Rolle spielt, kann anhand internationaler Vergleichsstudien gesehen werden.

Die Sprache verstärkt die Nationalstaatenbildung zusätzlich und kann als Bindeglied zwischen dem Konzept der Bildung und dem Konzept der Nation gesehen werden. Johann Gottfried Herder, ein deutscher Philosoph, verlangt ‚neue Schriftsteller' als Vermittler der Verbindung dieser Konzepte. Er schlägt vor, eine bildende Akademie zu gründen, in der neben dieser neuen Sprache auch politische Bildung gelehrt werden soll. Johann Gottlieb Fichte, ebenfalls ein deutscher Philosoph, setzt den Gedanken von Herder fort, jedoch war er der Meinung, dass die Bildung einer Nation nicht über Politik möglich sei, sondern allein über Erziehung. So fordert er keine Schulstaaten, sondern Erziehungsanstalten, da diese den Menschen als Ganzes bilden. Vorschläge dieser Art wurden jedoch nicht verwirklicht. (vgl. Horlacher, 2011, S. 40ff)

Fichte war aber an der Gründung der Berliner Universität beteiligt, die eine Vorbildwirkung für die Vereinigung von Lehre und Forschung in Zusammenhang mit einer humanistischen Bildung der Studierenden einnehmen sollte. Wilhelm von Humboldt war es letztlich, der diese Idee der Bildung institutionalisierte. Er vertrat ein Bildungsideal, das die *„Beschäftigung mit Latein, Griechisch, Mathematik, Literatur und Geschichte in den Mittelpunkt stellte"*. (vgl. Horlacher, 2011, S. 49)

Humboldt galt als starker Vertreter des „Ideals der Vollkommenheit", somit spielte die griechische Antike eine besondere Rolle in seinem Bildungsideal. Mit der Orientierung am Ideal der Antike hängt jedoch die Trennung der universitären bzw. allgemeinen Bildung und der Ausbildung zusammen. Der Standpunkt, dass beide Bildungsarten, also Selbstverwirklichung und Nützlichkeit, im Grundsatz unvereinbar seien, ist bis heute vertreten. Das höchste (Bildungs-) Ziel eines Menschen sah Humboldt in der individuellen Vervollkommnung, sprich in dem Finden des Sinns des Lebens. Dieses individuelle Ziel erfüllt gleichzeitig auch ein kollektives Ziel, nämlich die Verbesserung und Vervollkommnung des Staates. Humboldt trennte das Schulwesen in drei aufeinander aufbauende Bereiche: den Elementar-, den Schul- und den Universitätsunterricht. Erst am Ort der Universität kann der Mensch das Ziel der Selbstverwirklichung erreichen und ist dann bereit, in das „reale Leben" zu treten. (vgl. Horlacher, 2011, S. 59ff)

Jene Zeit, die Bildung in allgemeine und berufliche Bildung trennte, bezeichnet sich als Epoche des Neuhumanismus; hier wird das klassische Bildungsideal verkörpert. Im Zentrum stehen die Einzigartigkeit des Menschen und das Ideal der griechischen Kultur. (Horlacher, 2011, S. 55) Im 19. Jahrhundert wurde Bildung immer mehr als (soziales) Unter-scheidungsmerkmal gesehen. Die institutionelle Trennung von Allgemein- und Berufsbildung sollte eigentlich dazu dienen, allen Individuen Zugang zu Bildung zu verschaffen. So war es zumindest die Vorstellung von Humboldt. Dies bewirkte aber das Gegenteil und verstärkte die soziale Selektion. Die soziale Selektion wurde zu jener Zeit nicht mehr durch den Zugang zu Bildung hervorgerufen, sondern durch die Institutionalisierung der Bildung (Trennung von allgemeiner und beruflicher Bildung). Die nationalstaatliche Unterstützung zur Institutionalisierung verstärkte die Selektion. Bildung wurde zum Statuselement.

So umfasste die Allgemeinbildung hohe moralische Ziele, die Berufsbildung hingegen alltägliche, lebensnahe Fähigkeiten. Die wissenschaftliche Ausbildung war Voraussetzung für viele Berufe, vor allem für Tätigkeiten im staatlichen Funktions- und Hoheitsbereich. Zu jener Zeit entwickelte sich auch die unterschiedliche Handhabung der Abiturabschlüsse (Gymnasium und Matura), die bis ins 20. Jahrhundert andauerte. (Horlacher, 2011, S. 53ff)

Nicht zu vergessen ist an dieser Stelle die geschlechtsbezogen begründete unterschiedliche Beteiligung der Mädchen bzw. Frauen. Jenen war der Zugang zur Universitätsbildung nicht gewährt. So konnte das Bildungsideal nach Humboldt, nämlich jenes des selbständigen Denkens und Handelns, nicht erfüllt werden. Frauen kam die Rolle der Hausfrau, Gattin und Mutter zu. Eine Allgemein- und Berufsbildung erschien für Frauen nicht wichtig. (Löw, 2006, S. 20)

Zusätzlich führte im deutschsprachigen Raum die durch Bildung hervorgerufene soziale Selektion zur Formung einer Bürgertumsschicht. Aus dieser entwickelte sich der sogenannte Bildungsbürger; dies war das Ergebnis aus der vermehrten Verbreitung von Bildung. Da Bildung zu einem gewissen Maße Macht bedeutet, konnte die Bürgerinnenschicht etwas mehr Rechte gegenüber den Fürsten, dem Adel und der katholischen Kirche erwirken. Politisch änderte sich dadurch zunächst jedoch im ländlichen Raum nichts. In den Städten erkämpften sich Teile der bürgerlichen Gesellschaft Mitbestimmungsrechte in politischen Kreisen. Zu erkennen ist, dass Menschen, die der Schicht der Bildungsbürger angehören, sich kaum in offiziellen, politischen Kreisen bewegten, sondern ihre Macht über die Teilnahme in Vereinen ausübten. Diese Bewegungen sind im Kontext des (Früh-) Liberalismus zu verstehen und verfolgen das Ziel der Schaffung eines deutschen Nationalstaates, sowie die Schaffung eines Parlaments. Politisch konnten sich die Liberalen jedoch zu dieser Zeit nicht durchsetzen, sie bewirkten aber eine gewisse Durchsetzung politischer Rechte. Innerhalb des Bürgertums gab es eine zusätzliche, soziale Unterscheidung der Stände. So entwickelte sich ein/eine BürgerIn entweder in einen Bildungsbürger oder einen Wirtschaftsbürger, wobei der Bildungsbürger einen höheren Rang in der Gesellschaft einnahm. Aufgrund der starken Verknüpfung von Status und Bildung führte die Bildungsbeteiligung zur Annahme, dass sie der einzige Ausweg zur Schaffung sozialer Gleichheit sei. Diese ‚Fehlinterpretation' ist bis in die Gegenwart zu verfolgen. (Löw, S. 53ff) Bildung wurde letztlich zum (gesellschaftlichen anerkannten) Unterscheidungsmerkmal von Bürgertum, Proletariat und Adel sowie von Männern und Frauen. (Löw, 2006, S. 20) Eine weitere Entwicklung im 19. Jahrhundert ist die Unterscheidung zwischen Geisteswissenschaften und Naturwissenschaften. Beide Wissenschaften nehmen den Bildungsbegriff auf, jedoch nehmen sie in unterschiedlicher Weise darauf Bezug. So grenzt sich die Naturwissenschaft vom philosophisch geprägten Wissenschaftsbegriff ab; es ging vielmehr um die humanistische und vor allem realistische Bildung. Die griechische Antike und ihre Künste spielen aber nach wie vor eine Rolle; im deutschsprachigen Raum setzt sich aber trotz aller Anstrengungen der Naturwissenschaften der geisteswissenschaftlich geprägte Bildungsbegriff durch. (Horlacher, 2011, S. 60f)

Gegen Ende des 19. Jhdt. wurde starke Kritik am Bildungsbegriff und den Institutionen geäußert, da der Begriff bzw. die Definition in eine andere Richtung geht bzw. anders interpretiert wird als früher. (Horlacher, 2011, S. 60ff) Der Nationalismus sowie die anwachsende Industrialisierung und Militarisierung führen zu einem erneuten Verwertungsanspruch von Bildung. (Löw, 2006, S. 21) Ein gesellschaftspolitisch kritisches Denken und Argumentieren setzt sich durch. Friedrich Nietzsche beispielsweise übt Kritik am Bildungsbürger. Er argumentiert, dass Bildung missbraucht und für wirtschaftliche und politische Zwecke verwendet wird. Bildung verliert dadurch seine eigentliche Bedeutung und wird in ein materielles Gut verwandelt, das ökonomische Interessen verfolgt. Folglich setzt Nietzsche sich für eine Trennung von Bildung und Ausbildung ein, mit dem Hintergedanken, dass Politik und Kultur nicht vereinbar sind. Die Politik vergisst auf Kultur, Kultur ist aber wichtig für die Bildung. Wird der Zeitraum betrachtet, zu dem Nietzsche seine Kritik äußert, nämlich in den 1870er Jahren, als ein einheitlicher Wirtschaftsraum zwischen dem deutschen Staat, Frankreich und den anderen europäischen Großmächten gegründet wurde, wird ersichtlich, dass politische Entwicklungen bzw. Zeiten der Unsicherheit den Bildungsbegriff auch schon damals immer wieder neu aufleben lassen. In der Bildung wird stets die Hoffnung gesehen, eine Lösung auf (viele) gesellschaftliche Probleme zu finden. (vgl. Horlacher, 2011, S. 63f)

Aufbauend auf diese Entwicklungen, die Bildung bis hierhin genommen hat, tritt die geisteswissenschaftliche Pädagogik auf die Bildungsbühne. Sie definiert den Bildungsbegriff als Kernbegriff ihrer Wissenschaft und sieht jenen als nationalpädagogische Aufgabe. Die Hermeneutik als jene Methode, die sich mit dem Interpretieren und Verstehen von Texten beschäftigt, bildet hierbei die Abgrenzung zur Naturwissenschaft und festigt den Bildungsbegriff in der geisteswissenschaftlichen Pädagogik. (Horlacher, 2011, S. 66f)

Im deutschen Raum übernimmt folglich die Pädagogik als eigene Wissenschaft die Führung der Debatte über Bildungsfunktionen bzw. wird selbst zum Ideal der Bildung. Sie versteht sich dabei als philosophische Theorie von Persönlichkeits- und Lebensformen. (Horlacher, 2011, S. 68) Wie oben schon erwähnt, führte die verstärkte Industrialisierung zu einem veränderten Bildungsbegriff, der den pädagogischen Bezug etwas verloren hat und damit auch die geistige Entwicklung des Individuums. Dem will die Pädagogik wieder entgegenwirken.

Die Pädagogik grenzt sich aufgrund ihrer autonomen, wissenschaftlichen Stellung von Politik und Wirtschaft ab und unterscheidet den ‚Menschen' vom Bürger. Daraus entsteht auch die Trennung von allgemeiner und beruflicher Bildung. Somit ist eine eindeutige Verbindung zu Wilhelm von Humboldt zu erkennen, der in seinen Schriften genau dieses Grundverständnis von Bildung vertritt. (Horlacher, 2011, S. 74ff)

Herman Nohl, Professor in Göttingen, rief Anfang des 20. Jahrhunderts die Bewegung der „neuen deutschen Bildung" hervor. Die Umformung der inneren Gestalt des Bildungswesens bildet das Ziel seines Vorhabens. Das Individuum soll wieder im Zentrum stehen und die Gesellschaft zu einem kulturellen Ganzen formen. LehrerInnen übernehmen dabei die Rolle von Multiplikatoren. Nohl zufolge ist Bildung *„die subjektive Seinsweise der Kultur, die innere Form und geistige Haltung der Seele, die alles, was von draußen an sie herankommt, mit eigenen Kräften zu einheitlichem Leben in sich aufzunehmen und jede Äußerung und Handlung aus diesem einheitlichen Leben zu gestalten vermag."* (1933, S. 27 zit. in Horlacher, 2011, S. 71) Die pädagogische Interaktion steht dabei im Mittelpunkt und stellt ein persönliches, professionelles Verhältnis zwischen LehrerIn bzw. ErzieherIn und SchülerIn bzw. dem/der zu Erziehenden dar. Voraussetzung für diese Beziehung ist jedoch, dass LehrerInnen dem Ideal der Bildung nachkommen und zuerst als Mensch gebildet werden, die Formung des inneren Geistes mit den Kultureinflüssen verbinden und zu einem einheitlichen Ganzen werden. Diese Einheit soll als Vorbildwirkung eingesetzt werden. (vgl. Horlacher, 2011, S. 68ff)

Diese bis dahin herrschenden Definitionen von Bildung (und Pädagogik) konnten nach dem Zweiten Weltkrieg nicht mehr vertreten werden. Der nationalerzieherische Schwerpunkt dominanter pädagogischer Bemühungen und Bildungsanstrengungen führte zur Kritischen Theorie[4]. Trotz des starken Versuchs der Trennung des Bildungsbegriffs von anderen Bereichen, wie Politik und Wirtschaft, konnte durch ‚Bildung' die politische und gesellschaftliche Fehlentwicklung einer totalitären Regierung nicht verhindert werden. Dies führte zu einer Emanzipationsbewegung, in der wieder an die Vorstellung der am Ende des 18. Jahrhunderts geprägten, pädagogisch orientierten Begriffe (wie Mündigkeit der Menschen) angeknüpft werden soll. Bildung gab Hoffnung auf eine bessere Zukunft, die von Abhängigkeiten befreien und zu mehr Autonomie führen sollte. (Horlacher, 2011, S. 81f)

Heinz Joachim Heydorn, ein deutscher Pädagoge, formulierte in den 1970er Jahren - aufbauend auf die Kritische Theorie - eine neue Bildungstheorie. Er beschäftigte sich damit, „…*wie Bildung im Laufe der Zeit und vor allem durch ihre zunehmende Institutionalisierung ökonomisiert und von staatlichen Interessen vereinnahmt worden sei und dadurch ihren ursprünglichen emanzipatorischen Charakter verloren habe.*" (vgl. Horlacher, 2011, S. 85) Diese Theorie findet Verwendung in der kritischen Argumentation der Ökonomisierung der Bildungsinstitutionalisierung, die speziell in den letzten Jahren stärker in den Interessensfokus gerückt ist. Dies liegt zuletzt auch daran, dass das ‚Messen' von Bildung und Bildungswirkungen stark zunahm, wodurch Bildung auf wenige Funktionen eingeschränkt und das eigentliche Anliegen zurückgedrängt wird. Diese Argumentation ist auch in der aktuellen Bildungsdebatte noch stark zu spüren. (Horlacher, 2011, S. 85ff)

---

[4] Die Kritische Theorie ist eine „*von der Frankfurter Schule entwickelte, sozialwissenschaftliche Theorie, welche auf einer charakteristischen Verbindung dreier Denktraditionen beruht: der rationalen Philosophie [...], der Politischen Ökonomie [...] und der Psychoanalyse [...]. Die Kritische Theorie wendet sich „gegen das Postulat der Wertfreiheit der Wissenschaft, welches eine Trennung von Wissenschaft und praktischem Handeln in Politik und Gesellschaft einschließt. Dagegen setzt sie ein an der menschlichen Emanzipation interessiertes Wissenschaftskonzept, welches mittels einer Strategie vernünftiger Argumentation die Emanzipation als objektives Interesse aufzuweisen sucht.*" (Holtmann, Brinkmann, & Pehle, 1994, S.315f)

Im Anschluss an die Kritische Theorie entwickelte sich zu Zeiten des Kalten Krieges eine politisch geprägte Bildungsdiskussion. Zu jener Zeit waren nicht die Bildungsinhalte und der Zweck bzw. der Sinn dahinter von Relevanz, sondern vielmehr begann hier das Ringen danach, welches Bildungssystem - jenes der Westmächte oder des Ostblocks - das bessere bzw. das effizientere sei. Dabei spielt die OECD (Organisation für wirtschaftliche Zusammenarbeit und Entwicklung) mit ihren Vergleichsstudien eine wesentliche Rolle. Im Anschluss und als Reaktion darauf kam Georg Picht ins Spiel, der von einer „deutschen Bildungskatastrophe" spricht und darauf aufmerksam macht, dass sich Deutschland bildungspolitisch in einem „Bildungsnotstand" befindet. Picht orientiert sich dabei an den westlichen Ländern, wie USA, Frankreich und Großbritannien. Er argumentiert auch, dass ein sogenannter (technischer) Bildungsrückstand bedeutenden, negativen Einfluss auf die Wirtschaft habe. Als Antwort auf die Bildungskatastrophe reagierte die Politik mit einer Bildungsexpansion; die Abiturientenquote wurde größer und Universitäten wurden erbaut. Die Ansprüche der OECD, wissenschaftlich gesicherte empirische Daten zu generieren, hatten aber entscheidenden Einfluss auf die wissenschaftliche Disziplin der Pädagogik. So änderte die Pädagogik ihre wissenschaftliche Ausrichtung und orientierte sich an sozialwissenschaftlichen Methoden der USA und Modellen von Nachbardisziplinen, um so ein gefordertes Realitätsverständnis zu erreichen. Dies hatte zur Folge, dass die bildungspolitische Ausrichtung zu einer Entwertung des traditionellen (humanistisch fundierten) Bildungsbegriffs führte. Diese Tendenz ist gegenwärtig stark zu spüren; Bildung, Bildungsaufgaben und Bildungsfunktionen bleiben aber nach wie vor Grundbegrifflichkeiten in aktuellen Diskussionen in Fachdisziplinen wie im Kontext von Bildungsreformen, Reformmaßnahmen und deren (erhofften und befürchteten) Auswirkungen. (vgl. Horlacher, 2011, S. 88ff)

An dieser Stelle sei angemerkt, dass die Übersetzung bzw. die Gleichsetzung des deutschen Begriffs „Bildung" mit dem international verwendeten Begriff „education" eine interessante Tatsache darstellt. Der kulturelle, geschichtliche Bezugspunkt fehlt in der internationalen Anwendung gänzlich bzw. wird nicht berücksichtigt. Dieser ist aber, wie verdeutlicht, entscheidend (vor allem in deutschsprachigen Gebrauch) für die Bedeutung von Bildung. Somit fehlt im englischen Begriff „education" der erzieherische Bezug. So wäre die Übersetzung mit „culture" vermutlich eher angebracht. Diese inhaltliche Gleichstellung der Begriffe hat vermutlich auch bedeutende Auswirkungen in aktuellen politischen und wirtschaftlichen Diskussionen um das Bildungswesen. Die sprachliche Barriere der Bildungsbegriffe führt zu Missverständnissen und führt zu falschen internationalen Vergleichen. Aus diesem Grund wird auch vorgeschlagen, im gegenwärtigen deutschen Sprachgebrauch die Wörter Bildung und Kultur zu trennen. (Fuhrmann, 2002, S. 36)

Wird die historisch-kulturelle Entwicklung des Bildungsbegriffs betrachtet, kann die aktuelle Situation rund um das Thema Bildung besser verstanden und erklärt werden. Es ist zu erkennen, dass im deutschsprachigen Raum diese Diskussionen schon lange zurück reichen und in unterschiedlichen (ideologischen) Kontexten geführt wurden. Besonders in Zeiten der Unruhe erlebte der Bildungsbegriff immer wieder ein Revival. Die pädagogische Bildungsbedeutung hat und spielt nach wie vor eine entscheidende Rolle. Nur in den 1970er Jahren, im Anschluss an die Kritische Theorie sowie zu Beginn der empirischen Ausrichtung und den internationalen Vergleichen, trat der pädagogische Schwerpunkt in den Hintergrund. Diese Tendenz, dass die Bedeutung der Pädagogik verschwindet, ist nach wie vor ein weitläufiges Argument und Problem der Erziehungswissenschaft. Es wird kritisiert, dass die heranwachsenden Generationen nicht mehr einschätzen können was gelernt wird (werden soll) bzw. woran sie sich zu orientieren haben. So drängt die immer mächtiger wirkende Globalisierung die Gesellschaft auch dazu, sich verstärkt der eigenen kulturellen Identität zu besinnen. Auch bei diesem Anliegen wird wieder die

‚Bildung' als Gemeinplatz und zentrales Lösungsinstrument für anstehende Probleme bemüht. (Horlacher, 2011, S. 92ff)

Eine einheitliche Definition von Bildung ist schwer möglich, es kommt darauf an, welcher Betrachtungspunkt herangezogen wird: jener der Pädagogik, der Politik oder beispielsweise der Wirtschaft. Es ist nicht zu bestreiten, dass der Bildungsbegriff historisch, humanistisch geprägt ist und er für viele verschiedene, wissenschaftliche Disziplinen einen Anschlusspunkt für gesellschaftlich-normative Fragen bietet. Aber auch gesellschaftspolitische und wirtschaftliche Phänomene sind von Bedeutung und beeinflussen das Ringen um die begrifflichen Dimensionen von Bildung wesentlich. Weiters ist zu erkennen, dass das humanistische Grundkonzept der Bildung immer wieder auf Autonomie und Vernunft zurückzuführen ist bzw. darauf reduziert wird, so wie es zu Zeiten der Kritischen Theorie geschehen ist. Dieses Konzept lässt sich am besten mit einer demokratischen Herrschaftsform vereinbaren. (Horlacher, 2011, S. 100) Das politische System eines Landes spielt im (institutionalisierten) Bildungswesen eine der Hauptrollen. Diese Bedeutung ist auch dem historischen Verlauf des Bildungsbegriffs zu entnehmen.

Im folgenden Kapitel wird der soziologische Bezugspunkt zum Bildungsbegriff bzw. zur Bildungsthematik veranschaulicht und mit gesellschaftspolitischen- und wirtschaftlichen Aspekten in Verbindung gebracht. Es geht dabei um die Entstehung der bildungssoziologischen Fragen und Aufgaben, die sich aktuell in gesellschafts- und wirtschaftspolitischen Diskussionen verstärkt haben. Es wird auch die Bedeutung des Bildungsbegriffs weitergeführt; hierbei geht es jedoch nicht mehr darum, was Bildung nun ‚wirklich' ist bzw. wie sie definiert wird, sondern vielmehr um die Frage, in welchen Kontexten sie welche Anwendung findet. Dabei gerät der Bildungsbegriff neuerdings in Konkurrenz zum Kompetenzbegriff. In dieser Debatte spielt nicht zuletzt die Ökonomie und die damit einhergehende Output-Orientierung eine entscheidende Rolle.

2.2 Gesellschaftspolitische und wirtschaftliche Aspekte

Wie im vorangegangenen Kapitel angedeutet wurde, spielt Bildung im pädagogischen bzw. erziehungswissenschaftlichen Bereich aber auch in vielen anderen wissenschaftlichen Disziplinen eine entscheidende Rolle. So auch in der Soziologie, die sich immer wieder der Beobachtung, Beschreibung und Analyse gesellschaftlicher Vorgänge widmet. Die Bildungs-soziologie, eine soziologische Teildisziplin, erlebt fortwährend konjunkturelle Schwankungen, je nachdem wie es generell um die Bildungsdiskussion steht.

Die Soziologie sieht es als ein zentrales Anliegen, sich mit Bildungs- und Erziehungs-angelegenheiten zu beschäftigen. So wurde lange und oft diskutiert, ob Bildung und Erziehung nun die Aufgabe der Erziehungswissenschaften und / oder der Soziologie seien. Eine klare Trennung hat nie stattgefunden. Aufgrund dessen ist bis heute eine Doppel-bedeutung vorherrschend. Emile Durkheim wird als einer der Gründungsväter der Sozio-logie gesehen; er hatte sich zentral mit Bildung und Erziehung beschäftigt. Er vertritt vor allem den Begriff der Erziehung und erklärt ihn als *„Prozess der Eingliederung eines Individuums in die Gesellschaft"*. (vgl. Löw, 2006, S. 29) Durkheim ist auch der Meinung, dass der Mensch nicht von Anfang an vollkommen ist, sondern er sich im Laufe des Lebens bilde. Diese Entwicklung wird von der Gesellschaft gelenkt. Somit übernimmt die Gesellschaft selbst eine wichtige Erziehungs-funktion. Die ErzieherInnen an sich können das Potenzial eines Menschen nicht beeinflussen, dieses ist von Natur aus zu einem gewissen Maße gegeben, aber sie können es hervorrufen und die Wirkungskraft ankurbeln. Voraussetzung dafür ist natürlich, dass die ErzieherInnen den Prozess der individuellen und gesellschaftlichen Eingliederung schon vollzogen haben. So bildet und entwickelt sich jedes Individuum in einer anderen Art und Weise, je nach Interesse (z.B.: Berufswunsch). Durkheim führt weiter an, dass genau diese Vielfältigkeit von Erziehungspraktiken und Erziehungsinhalten zu Ungleichheit führt. (vgl. Löw, 2006, S. 29f)

Nicht nur der historisch-kulturelle Verlauf der Bildung, sondern auch der soziologische Ansatz zeigt, dass Ungleichheit und in Folge soziale Selektion, in unserer Gesellschaft eine große Rolle spielt. Bildung ist nicht allen Individuen gleich zugänglich, diese Ungleichheit kann von verschiedenen Seiten erklärt und durchleuchtet werden, wie der geschichtliche Verlauf oder auch die Anmerkungen von Durkheim zeigen. Wird der individuelle mit dem gesellschaftlichen Kontext der Bildung verbunden, so kann das Phänomen der sozialen Ungleichheit nicht geleugnet werden und in Folge dessen auch nicht deren Reproduktion im und durch das Bildungswesen.

Nach dem Zweiten Weltkrieg, in den 1960er Jahren, erlebt die Bildungssoziologie einen Aufschwung, dies hat nicht zuletzt mit der kontinuierlich abnehmenden Anzahl der Studierenden, dem technologischen Wandel und der veröffentlichten „deutschen Bildungskatastrophe" zu tun. (Löw, 2006, S. 33)

Daraufhin setzt sich die soziologische Teildisziplin ‚Bildungssoziologie' die Aufgabe, die soziale Ungleichheit sowie deren Reproduktionsbedingungen und -mechanismen zu erforschen. Dies endet folglich in politischen Maßnahmen, die in den 1960er und 1970er Jahren zu einer regelrechten Bildungsexpansion führten, welche bis in die Gegenwart anhält. Der Zugang zu Bildung war bzw. ist für alle Bevölkerungsschichten offen, dennoch sind Bildungsungleichheiten zwischen den sozialen Schichten zu erkennen. (Löw, 2006, S. 34)

Empirische Untersuchungen im Erziehungssystem beschäftigen sich mit der Funktion der Selektion und der Allokation, also der Auswahl nach Fähigkeiten, intellektuellen und sozialen Voraussetzungen und der Zuteilung von Bildungschancen. Vor allem Talcott Parsons, ein amerikanischer Soziologe, analysierte dieses Phänomen. Dies gab den Anstoß, Zusammen-hänge zwischen sozialer Herkunft und Bildungsungleichheiten zu untersuchen. (vgl. Löw, 2006, S. 34)

Die Politik war und ist nach wie vor gefordert, die Bildung, die sich zu einer dauerhaften sozialen Frage im Zusammenhang mit Ungleichheitsaspekten entwickelt hat, so zu gestalten, dass Bildungsungleichheiten verringert bzw. eliminiert werden. Dies stellt die Politik vor große Herausforderungen, da die (individuellen wie kollektiven) Bildungschancen nicht im selben Ausmaß wie die Bildungsmöglichkeiten wachsen. (Becker & Lauterbach, 2010, S. 11ff) Gegen Ende der 1970er Jahre wurde es ruhiger um die Bildungsdebatte, bis Mitte der 1990er Jahre eine neue Welle der Schul- und Hochschulreform gestartet wurde. Bis in die 1990er Jahre konnten wenige theoretisch und empirisch fundierten Nachweise gefunden werden, um den Zusammenhang zwischen Bildungsungleichheiten und sozialer Herkunft zu belegen. Inzwischen wurden aber Studien geliefert, welche genau diese die Ursache-Wirkungszusammenhänge belegen. (Becker & Lauterbach, 2010, S. 11ff)

Nachdem diese Zusammenhänge analysiert und geklärt waren, geht es bei einer neuen Reformwelle weniger um soziale Ungleichheit und deren Reproduktion durch das Bildungswesen, vielmehr hat die aktuelle Bildungsdebatte einen ökonomischen Hintergrund. Die Wirtschaft klagt über Fachkräftemangel, der Wirtschaftsstandort wird über den Zugriff zur Ressource Bildung gesichert, Bildung ist entscheidender Faktor, um im internationalen Wettbewerb mithalten zu können. Die Soziologie agierte in dieser Debatte zunächst etwas verhalten, es waren die Wirtschafts- und Erziehungswissenschaften, die sich diesem Thema widmeten. Dies führte dazu, dass der Schwerpunkt dieser Diskussion bei der zunehmenden Verrechtlichung und Standardisierung der Bildungsinstitutionen liegt, sowie bei messbaren Leistungsdefiziten im internationalen Vergleich und informationstechnologischem Modernisierungsrückstand. Somit rückt die Bildungsdebatte in das Feld der ökonomisch dominierten Fragestellungen und lässt die sozialen Fragen der durch das Bildungswesen sich zum Teil verfestigenden

Ungleichheit unberücksichtigt bzw. schiebt sie an den Rand. (Löw, 2006, S. 13f)

Durch die Analysen und Überlegungen von Niklas Luhmann und Pierre Bourdieu wird ein soziologisch erklärbarer Zugang zu der ökonomischen Bildungsdebatte geliefert. Deren Theorien und die Ergebnisse der PISA-Studie (im Bildungswesen gibt es nach wie vor wesentliche Benachteiligungen bestimmter Gruppen) lassen die Bildungssoziologie mit ihren Fragen wieder in den Vordergrund treten. Zu den neuen Forschungsfeldern gehören nun nicht nur Bildung und soziale Ungleichheit, sondern auch das Verhältnis von Bildung und Ökonomie unter den Bedingungen von Globalisierung und der Wissensgesellschaft. (vgl. Löw, 2006, S. 15f)

In der ökonomischen und politischen Debatte hat der Begriff Bildung eine fast autonome Stellung eingenommen. Bildung wird mit einer Überlegenheit von Wissen, Macht und gehobenem Stilempfinden versehen. Dies resultiert daraus, dass der Zugriff zu Bildung meist jenen Personen vorbehalten war, die einen entsprechenden sozialen Status in der Gesellschaft einnahmen und über das ausreichende ökonomische Kapital verfügten. Der ökonomische Nutzen von Qualifikation und die Kosten von Schulen und Universitäten rücken in aktuellen Debatten in den Vordergrund. Begründet wird dies immer wieder mit dem Argument der Sorge um den Wirtschaftsstandort und damit mit der Sorge um den (sozialen) Wohlstand eines Landes. Vor allem im deutschsprachigen Raum findet diese Argumentation großen Anhang. Dieses ökonomische Bild stößt jedoch auf Widerstand bei der pädagogischen Denkweise. Während für die Ökonomen das Paradigma der Knappheit aller Ressourcen gilt, dominiert in der pädagogischen Denkweise das unlimitierte Potenzial an Bildsamkeit und Lernfähigkeit. (Pechar, 2006, S. 13f)

Durch die knappen finanziellen Mittel der öffentlichen Hand entsteht massiver Druck auf die Bildungsinstitutionen. Es werden Effizienzsteigerungen gefordert und zugleich wird der Ökonomie mehr Macht zugesprochen. Dies hat zur Folge, dass sich das Spannungs-verhältnis zwischen Politik (politischer Wille) und Ökonomie (Finanzierbarkeit) verschärft. (Pechar, 2006, S. 13)

Diese Entwicklung baut auf die politische Ideologie des neoliberalen Gedankenguts auf. Wir leben sozusagen insgesamt in einer neoliberalen Gesellschaft, die sich hauptsächlich durch Liberalisierung des Handels sowie Finanzierungsgeschäfte, Privatisierung der öffentlichen Bereiche, Deregulierung und systematischem Abbau sozialer Leistungen (des Staates) charakterisiert. Die gesellschaftlichen Bereiche sollen sich den freien Kräften des Marktes, also dem Regelwerk des Kapitalismus unterwerfen. Durch Privatisierungen, wie sie beispielsweise im öffentlichen Verkehr, Energieversorung, usw. deutlich zu erkennen sind, soll dem Staat, also der Gesellschaft, die öffentliche Kontrolle entzogen werden. Folglich ordnen sich immer mehr Bereiche der Gesellschaft den Regeln des ,Marktes' unter. Diese Entwicklung ist nicht nur in den oben genannten Bereichen erkennbar, sondern macht sich auch im Bildungswesen breit. (Bernhard, 2007, S. 202)

Der neoliberale Einfluss lässt sich beispielsweise durch folgende Vorschläge bzw. Entwicklungen im Bildungswesen verdeutlichen: *„Elite- und Hochbegabtenförderung, Vorschläge zur Einführung von >>Bildungsstandards<< im Kindergarten, die Verkürzung von Schulzeiten, frühere Einschulung, Überspringen von Klassen, Modularisierung und Bachelorisierung von Ausbildungsgängen, nicht zuletzt die Versuche der Privatisierung der Bildung durch Schaffung eines Bildungsmarktes für Bildungskonzerne (GATS)".* (Bernhard, 2007, S. 202) Aus diesen Entwicklungen kann der Schluss gezogen werden, dass Bildung der ökonomischen Logik neoliberaler Wirtschaftspolitik unterworfen ist, d.h. Bildung selbst wird zur Ware transformiert und für Bildungsprozesse gelten Marktbedingungen. (Bernhard, 2007, S. 203)

Die Ökonomie als Grundlage bildungspolitischer Entscheidungen schafft neue Heraus-forderungen für die Gesellschaft, die es zu analysieren und überwinden gilt. Es ist offen-sichtlich, dass *„die*

Ökonomie starken Einfluss auf die Bildung gewinnen kann, letztlich jedoch nicht in der Lage ist, Bildung und Erziehung im eigenen Feld zu verorten." (Löw, 2006, S. 15) Somit ist es schließlich eine Aufgabe der Bildungssoziologie, *„das Verhältnis von Bildung und Ökonomie [...] unter Bedingungen von Globalisierung und [...] Wissensgesellschaft [...] zu bestimmen."* (Löw, 2006, S. 16)

Die Tatsache, dass sich der Bildungsbegriff in verschiedenen Disziplinen und Ordnungen mit sehr diversen Konnotationen wiederfindet, geht mit Wechselwirkungen zwischen diesen Ordnungen einher. Genauer gesagt geht es hier um Korrelationen zwischen politischen, wirtschaftlichen, sozialen und kulturellen Systemen einer Gesellschaft, deren Strukturen und Aufgaben im Bildungssystem sowie der Produktion von Qualifikation bzw. Kompetenz. Die Politik und das Wirtschaftssystem setzen Rahmenbedingungen und beteiligen sich an der Gestaltung des Bildungssystems. Speziell die Bildungsökonomie sieht es als ihre Aufgabe, sich mit dem Austausch dieser beiden Teilsysteme zu beschäftigen. (Becker, 2011, S. 19)

Werden die Wechselwirkung des Bildungssystems und des ökonomischen Systems betrachtet, spielt aktuell der Kompetenzbegriff eine wichtige Rolle. Anhand von Kompetenzen können wirtschaftliches System und Bildungssystem verbunden werden. Das Bildungssystem produziert im ökonomischen Sinne Humankapital und -vermögen, vermittelt also Fertigkeiten und Kenntnisse, welche von der Wirtschaft nachgefragt werden. Als Bildungsabschluss werden Zertifikate und Zeugnisse vergeben, die als Indikator dienen anhand derer Arbeitskräfte mit bestimmten Qualifikationen Arbeitsplätzen zugewiesen werden. (Becker, 2011, S. 18f)

Des Weiteren haben Kompetenzen die Eigenschaft der Messbarkeit und Erlernbarkeit. Aufgrund der PISA-Vergleichsstudien erlebt der Kompetenzbegriff einen Aufschwung und löst eine Bildungsdiskussion aus. Als Folge findet die Bildungsthematik auch im internationalen Kontext (OECD, Weltbanken,...) ihren gewichtigen Platz, wobei Bildung als Konzept im internationalen Zusammenhang auf ein rein Output-orientiertes Kompetenzproduktionssystem beschränkt wird. (Horlacher, 2011, S. 95ff)

Als Reaktion auf die Bildungsdebatte stellt sich auch die Frage, ob der Kompetenzbegriff den Bildungsbegriff ersetzen kann; auch hier ist es wieder eine Frage des Bezugspunktes. So wird Kompetenz im pädagogischen Kontext anders definiert als beispielsweise im psychologischen Kontext. Der pädagogische Kompetenzbegriff unterscheidet sich hinsichtlich ethischer und normativer Bezüge, dies ist gleichzeitig auch der Kritikpunkt, warum der Bildungsbegriff durch den Kompetenzbegriff nicht gänzlich ersetzt werden kann. Der Bildungsbegriff wird als *„Orientierungsgröße für normative Entscheide in der Erziehung"* gesehen. (Horlacher, 2011, S. 97) Die Einschränkung des Begriffs auf messbare und erlernbare Werte ermöglicht zwar, gewisse Fähigkeiten zu beschreiben, die Erfüllung der Bildungsaufgaben in humanistischer Form ist aber nicht realistisch. (Horlacher, 2011, S. 95ff)

Offensichtlich ist eine Definition von Bildung nicht mit einem Satz abgetan, es verlangt nach *mehr*. Gebildet sein heißt, ein Kulturverständnis aufzubauen, sich selbst zu entfalten und eine Persönlichkeit zu entwickeln. Bildung hat auch einen gesellschaftlichen Wert, indem der Zugang zur Allgemeinbildung für alle Individuen gewährt wird. Jede/r soll die Möglichkeit haben, seine Kultur zu begreifen, zu reflektieren und die eigene Individualität zu entwickeln. Somit ermöglicht Bildung im gesellschaftlichen Kontext Emanzipation und Demokratie - der berufsbezogene Wert der Bildung soll dabei aber nicht in Frage gestellt werden.

Die deutsche Soziologin Martina Löw macht darauf aufmerksam, dass durch diese Eingrenzung des Bildungsbegriffs auch die Seite der Nicht-gebildeten entsteht. Die Abgrenzung kann auf ideologischer oder finanzieller Basis beruhen. Somit trennt Bildung die Gesellschaft in soziale Schichten und Geschlechter. Diese Trennung macht Bildung – mit all ihren Konsequenzen in der individuellen Biografie und der kollektiven Entwicklung eines Gemeinwesens) zu auch einem Indikator für Geld und Macht. Demzufolge unterliegt Bildung nicht nur einem Gleichheitsdiskurs sondern auch einem Differenzierungsdiskurs. (Löw, 2006, S. 21) Das Problem, das sich in unserer Gesellschaft darstellt, ist die Schwierigkeit der Verwendung des Begriffs. So definieren und verwenden beispielsweise Politik und Wirtschaft den Bildungsbegriff anders als andere Wissenschaften (Soziologie, Psychologie, Erziehungswissenschaften,...). Behandelt wird aber oft dasselbe Problem bzw. Phänomen. Die Disziplinen sind sich der unterschiedlichen Begriffsbenutzung meist nicht bewusst, und sehen das dadurch entstehende Problem nicht, bzw. ignorieren es schlichtweg.

Aktuell kann gesagt werden: mit dem Durchbruch des gesellschaftspolitisch-wirtschaftlichen Denkens wird Bildung nicht mehr als *„...geistiger Prozess verstanden...., der das Individuum zu Selbständigkeit und Freiheit, zur Teilhabe am Kulturganzen und zu voraussetzungsreichen, ästhetischen Wahrnehmungen befähigen sollte; sie figurierte nur noch als >gesamtökonomischer Produktionsfaktor<, d.h. als die künftigen Konsum-möglichkeiten und dem künftigen, gesellschaftlichen Status bestimmende Instanz."* (Fuhrmann, 2002, S. 52)

Manfred Fuhrmann, ein deutscher Philologe, verdeutlicht mit dieser Aussage die gegenwärtige Tendenz, die den Bildungsbegriff vereinnahmt hat. Fuhrmann weist darauf hin, dass sich die Gesellschaft von einer korporativen zu einer kompetitiven, also einer dem Leistungs- und Wettbewerbsprinzip unterworfenen Gesellschaft entwickelt hat; was nebenbei bemerkt auch an der steigenden Bedeutung des Kompetenzbegriffs zu erkennen ist. Das Streben nach der Sicherung der Existenz wird jedoch nach wie vor von den meisten Menschen als Hauptlebensinhalt definiert. An dieser Stelle sei aber noch ein weiterer, interessanter Punkt genannt, der eine Unterscheidung der heutigen zur damaligen Gesellschaft darstellt. *„Nicht mehr der Mangel, die Not, ist für die Mehrzahl ihrer Mitglieder das herausragende Movens der Daseinsgestaltung, sondern im Gegenteil der Mangel an Mangel und dessen Folge, die Freiheit, die Lebenszeit mit beliebigen Inhalten zu füllen."* (Fuhrmann, 2002, S. 56)

Fuhrmann erkennt, dass nicht die Existenznöte die Menschen bedrohen, sondern der Wohlstand und die daraus entstehenden Sinnkrisen ihren Ursprung in immateriellen Ursachen begründen.

Letztendlich wird aus humanistischer Sicht vermittelt, dass Bildung jenes Mittel ist, das ein Individuum befähigt, als aktives Mitglied in der Gesellschaft zu agieren. Dies bezieht sich nicht auf politische oder wirtschaftliche Einschränkungen. Bildung ermöglicht es, ein autonomes Leben zu führen, frei von Zwängen, das zur individuellen Selbsterfüllung führt. Dazu ist aber anzumerken, dass in einem demokratischen Rechtsstaat Bildung als jenes Kriterium angesehen wird, dass eine aktive Teilnahme am gesellschaftspolitischen, ökonomischen und sozialen Leben ermöglicht. Zu einem gewissen Maße liegt diesbezüglich immer eine Einschränkung der Lebensführung vor, da Bildung auf institutionellen Kriterien beruht.

Da der ökonomische Charakter sehr starken Einfluss auf die aktuelle Bearbeitung der Bildungsthematik hat, wird im Anschluss die ökonomische Bildungsentwicklung erläutert. Es soll gezeigt werden, welch bedeutenden wirtschaftlichen Faktor die Bildung darstellt und wie sich Bildung in dieses Milieu integriert. Die Hinweise reichen von grundlegenden Fragen der Bildungsökonomie bis hin zum aktuellen Thema ‚Wissensgesellschaft'.

3 Bildung als ökonomischer Wirkfaktor

Die Bildungsökonomie, eine wirtschaftswissenschaftliche Disziplin, vertritt die Meinung, dass die beiden Faktoren Bildung und Qualifikation wesentlich zur Leistungsfähigkeit von Unternehmen und zur Entwicklung der Volkswirtschaft beitragen. Ökonomen weisen der Bildung einen Doppelcharakter zu. Zum einen ist Bildung eine ökonomische Investition, zum anderen aber auch ein zentrales Ziel einer demokratischen Gesellschaft. (Maier, 1994, S. 1) Das heißt, die Investitionen in Bildung verfolgen einerseits ein wirtschaftliches Ziel und andererseits ein gesamtgesellschaftliches Ziel.

Die Bildungsökonomie bewegt sich auf individueller, institutioneller und gesellschaftlicher Ebene und untersucht hierbei Fragestellungen von Knappheitsproblemen und den optimalen Mitteleinsatz im Bildungswesen, sowie das Kosten - Nutzen Verhältnis von Bildungs-leistungen. (Timmermann & Weiß, 2011, S. 165) Die Politik leitet daraus bildungspolitische Maßnahmen ab.

Die Bildungsökonomie erklärt somit die gesamt- und einzelwirtschaftlichen Auswirkungen der Entwicklungen von Humankapital. Die Bildungsplanung arbeitet in Richtung eines beabsichtigten Wachstums- und Einkommensniveaus. (Combe & Petzold, 1977, S. 32)

Die Bildungsökonomie untersucht den Zusammenhang zwischen Bildungswesen und dessen ökonomischen Entwicklungsfolgen und Auswirkungen. Dies geschieht nach eigener theoretischer und systematischer Absicht; praktischen Einfluss haben diese Untersuchungen jedoch vor allem auf die Bildungsplanung und Politikberatung. Die dahintersteckende Idee ist jene, dass sich die Politik aus den theoretischen Modellen Planungs- und Entscheidungshilfen erhofft. (Combe & Petzold, 1977, S. 7)

Es ist notwendig zu erwähnen, dass die Bildungsökonomie sich auf bestimmte Theorien bzw. Annahmen stützt, die später noch ausführlicher definiert werden. Solche Annahmen werden meist unmittelbar mit der Realität gleichgesetzt. Diese dem komplexen Sachverhalt aber nicht gerecht werdende einseitige Bedeutung kann jedoch gravierende Folgen im gesellschaftspolitischen Kontext haben und deshalb zu Problemen führen, die im Bildungswesen vermehrt zu erkennen sind.

Dieses Kapitel soll grundsätzlich eine Einführung in die grundlegenden bildungsökonomischen Gedanken geben, beginnend mit der Entstehung und dem historischen Verlauf der Bildungsökonomie. Anschließend werden die Kondratjew-Zyklen, die einen stufenweisen Übergang von den frühen Phasen der industriellen Revolution bis hin zu der aktuellen wissensbasierten Ökonomie darstellen, veranschaulicht. Dies gibt Anstoß dazu, das Thema der Wissensgesellschaft und die entsprechenden Entwicklungen anzusprechen. Im letzten Punkt wird der Verlauf der Bildungsökonomie im deutschsprachigen Raum erläutert, wobei auch auf die bildungsökonomischen Modelle des „man-power approach" und des „social-demand approach" eingegangen wird.

3.1 Historischer Status der Bildungsökonomie

Schon zu Zeiten von William Petty, Adam Smith und David Ricardo (17. und 18. Jahrhundert) spielte die Bildungsökonomie eine Rolle; doch auf eine andere Art und Weise als sie später bzw. jetzt zu finden war bzw. ist. Frühe Ökonomen haben den menschlichen Faktor und nicht nur die Arbeitskraft in den Mittelpunkt gestellt. (Maier, 1994, S. 1)

In Anbetracht der wirtschaftlichen Entwicklungen und Veränderungen des Bildungssystems ist zu erkennen, dass die Anforderungen an die Qualität und Struktur des Bildungswesens aufgrund der ebenfalls wachsenden Ansprüche an die Qualität der Arbeit steigen. In der vorindustriellen Gesellschaft war Bildung nur für die sogenannte Elite zugänglich und erfolgte außerhalb spezialisierter Einrichtungen. (Pechar, 2006, S. 19) Die *„Erziehung von Angehörigen der herrschenden Klasse zur Wahrnehmung ihrer sozialen Rol-*

le" sowie die *„Herausbildung von Fachleuten für den Staatsapparat und besondere Dienstleistungen"* und die *„Elementare Bildung für die breite Masse des Volkes und Übertragung von Produktionsfertigkeiten auf die heranwachsende Generation"* waren die drei wesentlichen Aufgaben des Bildungswesens bis zur industriellen Revolution. (Maier, 1994, S. 9) Erwähnenswert sei an dieser Stelle noch, dass bis in das 18. Jahrhundert der Zugang zu Bildung für die breite, arbeitende und mittellose Masse als gefährlich betrachtet wurde. Es wurde argumentiert, dass zu viel Bildung die Stabilität der Gesellschaft bedrohen würde. Die Menschen wären dann nicht mehr nur auf Arbeit beschränkt - und folglich würde der Reichtum aller sinken. (Pechar, 2006, S. 19)

Erst in der zweiten Hälfte des 20. Jahrhunderts und mit dem Beginn der Industrialisierung spielt die Bildung, im engeren Sinne die Berufsbildung, in Verbindung mit der Ökonomie eine entscheidende Rolle. Die Nachfrage an höher qualifizierte Arbeitskräfte steigt und hat zur Folge, dass das Bildungssystem mit dem System der Ökonomie in Verbindung tritt. (Pechar, 2006, S. 20)

Diese Entwicklung hat sich jedoch nicht in allen Bereichen durchgesetzt. Der Wert von Bildung unterscheidet sich jeweils in bildungsökonomischer und bildungspolitischer Ansicht. So ist bildungsökonomisch (Weiter-)Bildung nach wie vor von eher geringem Wert, vor allem für Produktionsunternehmen. Produktivkräfte benötigen keine gesonderte Bildung bzw. Ausbildung; die Fähigkeiten, die Arbeitskräfte zur Produktion der Güter benötigen, können vielfach „on the job" erlernt werden. Eine zusätzliche Ausbildung kostet zu viel und bringt im Verhältnis eher wenig Gewinn. Ziel eines jeden Unternehmens ist es ja, die Kosten so gering wie möglich zu halten. (Combe & Petzold, 1977, S. 40f)

Wird diese Schlussfolgerung von bildungspolitischer Perspektive betrachtet, wird häufig gegenteilig argumentiert: Nämlich, dass die Bildung des einzelnen Menschen insgesamt zum Gemeinwohl der

Gesellschaft beiträgt und folglich die Wohlfahrt eines Landes erhöht.

Unschwer ist zu erkennen, dass das Zusammenspiel bzw. das Verhältnis zwischen Staat und Ökonomie nicht immer einwandfrei funktioniert, da die Interessen grundsätzlich auseinander gehen können. Diese Interessensunterschiede machen sich schon innerhalb der verschiedenen Unternehmen bemerkbar. So haben beispielsweise kleine, handwerkliche Betriebe andere Bildungsinteressen als große Industriebetriebe. Der Staat steht folglich unterschiedlichen bzw. entgegengesetzten Ausbildungsinteressen gegenüber, die es zu händeln gibt. Natürlich darf an dieser Stelle der Mensch an sich nicht vergessen werden, dessen (kollektive) Interessen natürlich auch eine Rolle spielen. Die Bildungspolitik orientiert sich nicht nur am ökonomischen Kapital, sondern auch an allgemeinen Interessen, je nach gesellschaftspolitischer Lage. Es ist aber die Tendenz erkennbar, dass sich bildungs-politische Maßnahmen vorwiegend am jeweiligen Stand der sozialen Gruppen bzw. Klassen orientieren. Das heißt aber letztlich, dass die Maßnahmen und ihre Durchsetzung hauptsächlich an den Interessen der wohlhabenden, sozialen Gruppe ausgerichtet sind, also vorwiegend kapitalistisch orientiert sind und die bestehenden sozialstrukturellen Unterschiede eher verstärken als ausgleichen. (Combe & Petzold, 1977, S. 90ff)

3.2 Kondratjew-Zyklen – Zyklische Wirtschaftsentwicklung

In der Bildungsökonomie gewinnt auch die Theorie von Nikolai Kondratjew, einem russischen Wirtschaftswissenschaftler, an Bedeutung. Seine Annahme stellt die zyklische Wirtschaftsentwicklung bzw. das Modell der „langen Wellen" oder die „Kondratjew-Zyklen" genannt, dar. Die Kondratjew-Zyklen beschreiben einen stufenweisen Übergang von den frühen Phasen der industriellen Revolution bis hin zu der aktuellen, wissensbasierten Ökonomie. Durch technologisch-ökonomische Einflüsse werden Basisinnovationen geschaffen, welche zu einer Veränderung der Gesellschaft und Ökonomie führen. Die Theorie wird in fünf Perioden unterteilt, jede Periode erfordert eine neue Basisinnovation und neue Qualifikationsanforderungen. (Pechar, 2006, S. 20f)

Die erste Periode erstreckt sich von ca. 1780 bis 1849 und wird als „Frühmechanisierungs-Kondratjew" bezeichnet. Die Basisinnovation in dieser frühen Phase waren die Dampfmaschine und die Werkzeugmaschine. Die Fachausbildung spielte zu dieser Zeit noch keine große Rolle, da für die zu verrichtenden Tätigkeiten noch keine hohen Qualifikationen notwendig waren. Für die arbeitende Masse war eine elementare Ausbildung ausreichend. Die höhere Bildung war zu dieser Zeit nur für die Elite, sprich die wohlhabenden, sozialen Gruppen zugänglich. (vgl. Maier, 1994, S. 14f)

Die zweite Periode erstreckt sich von ca. 1849 bis 1890 und wird als „Dampfmaschinen- und Eisenbahnkondratjew" bezeichnet. Die Basisinnovationen zu dieser Zeit waren die Eisenbahn, Stahl, Gas, Elektrizität, Farbstoffe sowie der Schwermaschinenbau. Diese Innovationen führen zu einem starken, technischen Aufschwung, was gleichzeitig auch zu einer Bildungsexpansion führt. Das Bildungswesen stößt mit diesen neuen Entwicklungen bald an seine Grenzen. Überfüllungs- und Modernisierungsprobleme entstehen. Der Zugang zur Bildung beschränkt sich aber nach wie vor hauptsächlich auf die gehobene Klasse. (Maier, 1994, S. 15ff) Der technische Fortschritt der Eisenbahn führt auch zu einer Aus-weitung der industriellen Produktion was einen ökonomischen Aufstieg mit sich bringt. Die Spanne zwischen Arm und Reich fängt hier an, breiter zu werden. (Pechar, 2006, S. 21)

Von ca. 1890 bis 1940 währte die dritte Periode des Kondratjew Modells. Die Basisinnovationen zu dieser Zeit reichten von Auto und Flugzeug über Telekommunikation und Radio, bis hin zu Kühlschrank, Kunststoffen und Aluminium. Die beruflichen Anforderungen wurden immer höher angesetzt, was zur Folge hatte, dass die allgemeine Schulpflicht auf das 14. Lebensjahr angehoben wurde. Ein Bildungsschwerpunkt lag jedoch nach wie vor auf Allgemeinbildung; auch Handelsschulen und technische Hochschulen erlebten einen gewissen Aufschwung. Universitäten waren im wesentlichen weiterhin sozial geschlossen, obwohl der Anteil der Studenten anstieg. (Maier, 1994, S. 21ff) Dieser Trend kann auf die ökonomischen Entwicklungen, unter anderem auf die industrielle Massen-produktion durch elektrische Energie zurückgeführt werden. (Pechar, 2006, S. 21)

Der vierte Zyklus des Kondratjew setzte Ende der 1940er Jahre ein und dauerte ca. vierzig Jahre an. Dessen Basisinnovation wurde vom Fordismus geprägt. Komplexe Produktionsketten wurden in spezialisierte Standardverfahren zerlegt und reorganisiert. So konnte eine neue, industrielle Massenproduktion entstehen. Vorwiegend Autohersteller und die Mineralölwirtschaft konnten von dieser Entwicklung profitieren. Zu den Basisinnovationen dieser Zeit zählen auch die EDV, Radar, Penizillin, Kernenergie und die Raumfahrt. (Pechar, 2006, S. 22)

Die vierte Stufe des Modells wurde von Facharbeitermangel und einer großen Nachfrage nach Akademikern geprägt; das hatte einen wesentlichen Einfluss auf das Bildungswesen und führte zu einer Expansion akademischer Institutionen. Die Nachfrage nach ausgebildeten Fachkräften kam nun nicht mehr nur von der staatlichen (Verwaltungs-) Seite, sondern vor allem von der Wirtschaft (Produktion, Konsumtion). Der Zugang zu Universitäten und Hochschulen war nun kein alleiniges Privileg mehr für die höhere Schicht der Gesellschaft; die Universitäten öffneten sich – auch unter gesellschaftspolitischem Druck (Maier, 1994, S. 23f)

Die Entwicklung des Bildungswesens wird vorwiegend auf soziale und ökonomische Faktoren zurückgeführt. Aus dem steigenden Bildungsniveau resultieren prinzipiell ein höheres Einkommen sowie ein relativ gesicherter Arbeitsplatz. Die soziale Komponente des steigenden Bildungsniveaus zeigt sich in der Schaffung von mehr Chancengleichheit, der Verringerung sozialer Ungleichheit und dem gewachsenen Wohlstand breiter Schichten. Abgesehen von den ökonomischen, sozialen und politischen Entfaltungen ist auch ein entscheidender Wertewandel der Gesellschaft in Richtung Selbstverwirklichung, Emanzipation, Kreativität und Gleichbehandlung zu erkennen, welcher auf die Veränderungen im Bildungswesen zurückgeführt wird. (Maier, 1994, S. 27f)

Von 1980 bis dato befinden wir uns in der fünften Phase des Kondratjew-Zyklus'. Die Basisinnovation der aktuellen Periode ist die Informations- und Kommunikationstechnologie. Computer, flexible Automatisierung, Laser-Technik, neue Biotechnologien, neue Energiequellen, Weltraumtechnik und neue Werkstoffe stehen auf der Tagesordnung. (vgl. Maier, 1994, S. 35f) Die standardisierte Massenproduktion wird durch flexible Automatisierung ersetzt. Die Verarbeitung von Informationen wird für die Menschen zur wichtigsten Tätigkeit und der Übergriff zur wissensbasierten Ökonomie und Gesellschaft entsteht. Die Gesellschaft steht unter ständigem Wissensdruck, um das Qualifikationsniveau durch lebenslanges Lernen zu gewährleisten. (Pechar, 2006, S. 22)

Ökonomen sehen einen steigenden Trend im Informations- und Kommunikationsbereich, der eine große Anzahl von Arbeitsplätzen entstehen lässt. Die Ausbildung dahingehend wird sich zu einer Schlüsselqualifikation entwickeln und beeinflusst folglich das Bildungswesen. Maier zufolge (1994, S. 35ff) wird ein neuer Sektor gebildet, den er als „quartiären Bereich" bezeichnet; dieser stellt die meisten der Arbeitsplätze im Informations- und Kommunikationsbereich bereit. Diese Tendenz erklärt er durch die große Nachfrage nach InformatikerInnen. In der heutzutage sehr schnelllebigen Zeit ist eine hohe Qualifikation nicht nur in der Herstellung, sondern auch in der Anwendung der Informationstechnik unumgänglich. Auch die hohen Ansprüche mit komplexen Systemen in Unternehmen, die zunehmenden Spezialisierungen sowie die steigende, wechselseitige Abhängigkeit einzelner Aufgaben bei ständig anwachsendem Abstraktionsgrad erfordern das stetige Erneuern von Wissen, Strategien, Innovationen und Anpassungen.

Im Verlauf der Zyklen ist eine Art Paradigmenwechsel zu erkennen. Das Bildungspotenzial verändert sich von einem konstanten Fundus (Kanon) zu einem sich rasch wandelnden, wachsenden Bestandteil (in) der Gesellschaft. Der ökonomische und soziale Wandel lässt die Gesellschaft heutzutage in einer sogenannten Wissensgesellschaft erscheinen. (Pechar, 2006, S. 22f)

Die Verwendung des Begriffs der Wissensgesellschaft ist mit Vorsicht zu genießen; der Begriff soll genauer durchleuchtet werden. Die Entwicklung von der Industriegesellschaft hin zu einer Wissensgesellschaft, wie sie unter anderem Kondratjew beschreibt, wird stark kritisiert. Die Kennzeichen der sogenannten Wissensgesellschaft und die Stellung von Bildung bzw. Wissen darin bilden den Inhalt des nachstehenden Kapitels.

3.3 Bildung in der Wissensgesellschaft

Die Tatsache, dass die Bedeutung von Wissen in der gegenwärtigen Zeit zunimmt, ist unumstritten, aber was definiert nun eine Wissensgesellschaft? Die Frage ist kaum eindeutig beantwortbar, denn auch hier mangelt es an inhaltlichen Übereinstimmungen.

Bittlingmayer beschreibt *„das Label der Wissensgesellschaft"* als *„...die gegenwärtig populärste Zeitdiagnose"*. (2001, S.15) Kupfer beispielsweise erklärt, dass der Begriff Wissensgesellschaft vor allem zur Beschreibung der gegenwärtigen oder zukünftigen Gesellschaft benützt wird. Bei gegenwärtigem Gebrauch des Begriffs handelt es sich somit, laut Kupfer, um einen analytischen Begriff. (2011, S.195)

Peter Drucker beschäftigte sich ebenfalls intensiv mit dem Diskurs der Wissensgesellschaft. Er geht von der Position aus, dass der Begriff Wissensgesellschaft einen gesellschaftlichen Transformationsprozess darstellen soll, der durch den Erwerb von Wissen und der Arbeit mit Wissen gekennzeichnet ist. Die Industriegesellschaft wird von der Wissensgesellschaft abgelöst. Nicht die Produktion von Gütern, sondern die Produktion von Wissen steht im Mittelpunkt. Im Zusammenhang mit der Wissensgesellschaft unterliegt Wissen einer Funktionsänderung. Das heißt: Wissen dient als Mittel zur Erzeugung von Profit und Wohlstand. Die Funktionsände-rung bezieht sich demnach auf den Wandel der Produktion. Da-runter wird die Trennung von wissensintensiver und arbeitsinten-siver Produktion verstanden, die einhergeht mit der Verlagerung der arbeitsintensiven Produktion in Billigländer bzw. den Ersatz der Arbeitskräfte durch moderne Maschinen. Wissen wird somit zum unmittelbaren Produktionsfaktor und dient als Motor des Produktionsprozesses. Um die angestrebte Wettbewerbsfähigkeit voranzutreiben, ist Innovation notwendig. Die Voraussetzung da-für ist hohe Bildung bzw. Ausbildung. (vgl. Kupfer, 2011, S. 200f)

Bildung nimmt eine zentrale Stellung in der Wissensgesellschaft ein und wird als Produktion von Wissen definiert. Wissensproduk-tion, Wissensvermittlung und Wissensaneignung werden in der Wissensgesellschaft meist auf Ausbildung reduziert, was Wissen zu einer messbaren Kennzahl des Humankapitals entwertet. An dieser Stelle wird klar ersichtlich, dass ökonomische Sichtweisen eine zentrale Rolle in der Wissensgesellschaft einnehmen. Die In-vestition in Wissen soll letztlich einen Wettbewerbsvorteil einbrin-gen. Dieser Trend wird nicht nur auf Seiten der Wirtschaft vorange-trieben, sondern auch politische Institutionen unterstützen diese Tendenz, wie einschlägige EU und OECD- Vergleichstests zeigen. (Kupfer, 2011, S. 201)

Wie verdeutlicht wurde, stehen Wissen und Bildung in einem en-gen Diskurs zueinander. Bei genauerer Betrachtung wird klar, dass Wissen in der Wissensgesellschaft dennoch nicht gleichzusetzen mit Bildung ist. Konrad Paul Liessmann hat dieses Verhältnis ge-nauer analysiert. Wissen hat wenig mit Klugheit und Weisheit zu tun, denn *„das Ziel der Wissens-gesellschaft ist nicht Weisheit, auch nicht Selbsterkenntnis [...], nicht einmal die geistige Durchdringung der Welt, um sie und ihre Gesetze besser zu verstehen."* (2006, S. 26) Die Behauptung, dass Wissen *„eine mit Bedeutung versehene Information"* ist, führt zu dem Schluss, dass die Wissensgesellschaft eher eine Informationsgesellschaft ist. (Liessmann, 2006, S. 27) Wissen ist demnach mehr als eine reine Information. *„Wissen erlaubt es nicht* *nur, aus einer Fülle von Daten jene herauszufiltern, die Informationswert haben, Wissen ist überhaupt eine Form der Durchdringung der Welt: erkennen, verstehen, begreifen."* (Liessmann, 2006, S. 29)

Liessmann argumentiert weiter, dass Wissen nicht mit Information gleichgesetzt werden kann, da Wissen über Information hinausreicht. Wissen unterliegt keinem reinen Nutzen, wie es gegenwärtig im Kontext der Wissensgesellschaft oft verstanden wird. Somit wird klar, dass die Wissensgesellschaft eher eine Informationsgesellschaft ist. (2006, S.29)

Die sogenannte Wissensgesellschaft löst überdies die Industriegesellschaft nicht ab, sondern im Gegenteil: Wissen gerät in der gegenwertigen Zeit unter den Zwang der industriellen Verwertung. Wissen wird nicht produziert, sondern das vorhandene Wissen wird industrialisiert, also standardisiert und mechanisiert. (vgl. Liessmann, 2006, S.32)

Das Ziel der Wissensgesellschaft ist es nicht, Weisheit und Klugheit zu erreichen, sondern *Lebenslanges Lernen* zu gewährleisten. Dies ist notwendig, da die Produktion von Wissen stark steigt und gleichzeitig schnell veraltet. Durch lebenslanges Lernen sollen Unterschiede in sozialen Schichten beseitigt werden. Wissen dient als wichtigstes Produktionsmittel dieser Gesellschaft und jedes Individuum besitzt Wissen. Somit ist jede/r selbst für die Aus- und Weiterbildung verantwortlich. Das Problem dabei ist aber, dass nicht klar definiert ist, was gelernt werden soll. Wenn Wissen einer Information gleicht, dann beinhaltet das Lernen vor allem Methoden der Informationsbeschaffung und kein Erlernen von Wissen. Somit verschwindet der humanistische Wert der Bildung und Bildungsinstitutionen werden zu (Re-) Produktionsstätten des „Wissens". Vor allem Universitäten sind den Entwicklungen der Wissensgesellschaft bzw. dem Prinzip der Industrialisierung des Wissens ausgesetzt. Es sollen effiziente Technologien entwickelt werden, die möglichst schnell ökonomisch verwertbar gemacht werden können. (vgl. Liessmann, 2006, S. 34ff)

Die Schaffung eines europäischen Wissensraumes zeigt eine deutliche Initiative der EU hinsichtlich der Industrialisierung des Wissens. Die Vereinheitlichung der Curricula sowie die Einführung eines Credit-Punktesystems (ECTS) dienen als Medium zur Schaffung eines neuen Europas des Wissens. Das übergeordnete Ziel umfasst die beschleunigende Integration europäischer BürgerInnen in einen europäischen Arbeitsmarkt. Dies soll folglich die Konkurrenzfähigkeit Europas erhöhen. Diese Methode führt zu einer Transformation von Wissen, wie sie oben schon angedeutet wurde. Die zentralen Wissenstechniken der Gegenwart umfassen Standardisierung und Quantifizierung. Somit sollen Wissensinhalte – nach ökonomischer Logik - zu Geldwertäquivalenten quantifiziert werden. (Keller, 2008, S.52ff)

Diese Transformation hinterlässt auch Spuren in der traditionellen Wissenschaft. Der Status von wissenschaftlichen Arbeiten hat sich geändert. So werden wissenschaftliche Erkenntnisse nicht mehr unwidersprochen als wahr hingenommen. Das hängt damit zusammen, dass die Wissensproduktion stärker gesellschaftlich und ökonomisch integriert ist und aus diesem Grund keine existentiellen Sicherheiten mehr bietet. Dies hat zur Folge, dass wissenschaftliche Ergebnisse oft verhandelbar werden. Dies geht mit einer gewissen Unsicherheit einher, die auch zum Gegenstand politischer Auseinandersetzungen wird. (Nowotny, 1999; zit.n. Kupfer, 2011, 196f)

Wissenschaftliche Erkenntnisse bilden oft die Grundlage für politische Entscheidungen. Die Politik ist von der Wissensgesellschaft dahingehend beeinflusst, dass sie immer mehr von ExpertInnenwissen abhängig ist. RatgeberInnen und professionelle BeraterInnen sind notwendig, um politische Entscheidungen rechtfertigen zu können. (Bittlingmayer, 2001, S. 16) Doch der Wissenschaft wird vorgeworfen, dass sie nicht mehr als ein *„Etikett für Prestige"* darstellt, um so die Glaubwürdigkeit und die Erfolgschancen zu erhöhen. Es wird dementsprechend auch kritisiert, dass die Ökonomie als eigene Wissenschaft definiert wird. (Liessmann, 2006, S. 45)

Aufgrund der sich immer stärker durchsetzenden neoliberalen Ideologie und dem daraus ergebenden Zusammenspiel von Wirtschaft und Politik, sind die Handlungsspielräume der Politik eingeschränkt. Dies ist z.b.: in Privatisierungen wichtiger gesellschaftlicher Bereiche, aber auch Deregulierungen und die Einführung von flexiblen Strukturen innerhalb der politischen Bürokratie zu erkennen. So kann der politische Wandel der Wissensgesellschaft von einem bürokratischen Vorsorgestaat hin zu einem konkurrenzorientierten Modell des neoliberalen *„schlanken Staates"*, gekennzeichnet durch Eigenverantwortung der sozialen Akteure, sprich Selbstzuschreibung von Erfolg und Misserfolg, beschrieben werden. (Bittlingmayer, 2001, S. 16)

Fakt ist, dass Forschung und technische Innovationen in der gegenwärtigen Gesellschaft wesentliche Gestaltungsfaktoren darstellen und wirtschaftliche Bedeutung haben. So beeinflusst dies zunehmend auch den Bildungsbereich und die gesetzten Maßnahmen. Richtig ist auch, dass praktisches Wissen in der vorindustriellen Zeit weniger wandelbar, also stabiler charakterisiert war. (Liessmann, 2006, S. 47)

Eines steht aber fest: die Definition der gegenwärtigen Gesellschaft als Wissensgesellschaft ist umstritten, denn es gibt keinen plausiblen Grund, die Epoche der Industrialisierung des Wissens als Wissensgesellschaft zu bezeichnen. Vielmehr schlägt Liessmann vor, *„von einer Zeit zu sprechen, in der die Unterwerfung des Wissens unter die Parameter einer kapitalistischen Ökonomie, die nur dort dem Wissen gegenüber freundlich agieren wird, wo dieses entweder unmittelbar verwertet werden kann oder zumindest kostenneutral nicht weiter stört"*. (2006, S. 48f)

Das Konzept der Wissensgesellschaft wirkt aufgrund der Abwesenheit einer einheitlichen Definition eher schwammig und lässt viel Raum für Kritik. Vor allem der Bereich der Bildung wird stark angegriffen, da die Idee der Bildung als Selbstbildung und Formung einer eigenständigen Persönlichkeit, wie sie der humanistische Ansatz beschreibt, kaum Anwendung findet. Bildung wird in diesem Kontext einseitig mit (verwertbarer) Ausbildung gleichgesetzt. Die Ökonomie beherrscht das Konzept der Wissensgesellschaft und übt damit Druck auf die Politik und infolgedessen auf das (ständig zu reformierende) Bildungswesen aus. Aufgrund der steigenden Bedeutung ökonomischer Prinzipien im Bildungsbereich hat sich die Bildungsökonomie zu einem eigenen Wissenschaftszweig entwickelt. Der nachstehende Abschnitt zeigt diesen Verlauf im deutschsprachigen Raum.

3.4 Bildungsökonomie im deutschsprachigen Raum

Im deutschsprachigen Raum entpuppte sich die Bildungsökonomie gegen Ende der 1950er Jahre als eigener Wissenschaftszweig. Zu diesen Zeiten litt die Wirtschaft unter starken Wachstumsschwierigkeiten. Der Zusammenhang zwischen wirtschaftlicher Entwicklung und Bildungsinvestitionen war bekannt und beruhte auf Annahmen amerikanischer Wissenschaftler, wie Theodore W. Schultz und Edward Denison. In Anbetracht der wirtschaftlichen Schwierigkeiten war es notwendig, das Bildungswesen einer aktiven Planung zu unterwerfen und systematische Bildungsforschungen zu tätigen. Abgesehen davon, brachten die Veränderungen im Bildungswesen auch einen ideologischen Wandel mit sich. Die Bildungsökonomie orientiert sich nicht mehr rein an traditionell ökonomischer Theorie, sondern öffnet sich anderen Sozialwissenschaften, die am Bildungswesen beteiligt sind. (vgl. Becker & Wagner, 1977, S. 52f)

In einer weiteren Phase der Entwicklung der Bildungsökonomie wurden die Bildungs-forschungen von bildungspolitischen Gremien aufgegriffen. Jene erkannten den positiven Zusammenhang von Bildungsaufwendungen und wirtschaftlichem Erfolg, der jedoch nur theoretisch bestätigt war. Ende der 1960er Jahre fanden Bildungsplanungkonzepte ihren Höhepunkt. Es dominierten vor allem zwei Varianten bildungsökonomischer Modelle, die auf den Zusammenhang von Wirtschaftswachstum und Bildungsinvestition Bezug nehmen. Zum einen der sogenannte „manpower approach"[5] bzw. die Arbeitskräftebedarfsforschung und zum anderen der „social-demand-approach"[6] bzw Nachfrage-Ansatz. (Becker & Wagner, 1977, S. 53ff)

In der Bildungspolitik wurde durch Maßnahmen versucht, die theoretischen Ansätze in die Praxis umzusetzen. Natürlich war dies mit viel Kritik verbunden, da die Bildungsplanung sich auf die Theorie der Bildungsökonomie stützte, jene aber nicht bestätigt war. Es wurden laufend neue Ansätze entwickelt. Der theoretische Bezugsrahmen, nämlich der, dass ein Zusammenhang zwischen Wirtschaftswachstum und Bildungsinvestition besteht, wurde jedoch nicht hinterfragt, sondern als bestätigt angenommen. Die Kritik über die Grundannahme der Bildungsökonomie und weitere Vorwürfe verschärfen den Druck auf eine Ausdehnung des Untersuchungsgegenstandes der Bildungsökonomie auf verschiedene gesellschaftliche Bereiche sowie auf das Beschäftigungssystem und werden als Grund für die Krise der Bildungsökonomie in den 1970er Jahren genannt. (Becker & Wagner, 1977, S. 55ff)

Aufgrund dieser Gegebenheiten bewegt sich die Bildungsökonomie in der darauffolgenden Phase wieder weg vom „man-power-approach" bzw. „social-demand-approach" hin zu einer Anpassungsplanung, der sogenannten „Numerus-Clausus-Technologie". Die eingeschränkten betriebswirtschaftlichen Modellkonstruktionen kommen wieder zum Einsatz. Hierbei steht lediglich die rationale Nutzung vorhandener Bildungseinrichtungen im Mittelpunkt, die sich auf eingeschränkte, finanzielle Mittel reduziert. Dialoge über Voraussetzungen und Ziele der eigentlichen, wissenschaftlichen Aufgabe der Bildungsökonomie werden als nicht relevant

---

[5] Bestimmt den zukünftigen Bedarf an ausgebildeten Arbeitskräften der Wirtschaft und Gesellschaft. Zeigt die Beziehungen zwischen Bildungs- Beschäftigungssystem. (Combe & Petzold, 1977, S. 35)
[6] Anhand von Immatrikulations- und Abschlussquoten werden die nötigen Aufwendungen und Kapazitäten für das Bildungswesen berechnet. (Combe & Petzold, 1977, S. 34)

angesehen bzw. in den Hintergrund gedrängt. (Becker & Wagner, 1977, S. 59)

Betrachtet man das aktuelle Forschungsfeld der Bildungsökonomie, wird ersichtlich, dass dieses einen breit ausdifferenzierten Bereich umfasst. Den Schwerpunkt bilden hierbei politiknahe Fragestellungen. Das Grundkonzept bzw. Fundament der Bildungsökonomie ist nach wie vor der Humankapitalansatz, der den Zusammenhang von Wirtschaftswachstum und Bildungsinvestition auf investitionstheoretischer Basis vertritt. Das heißt, die im Bildungsverlauf erworbenen Kompetenzen einer Person erhöhen die Arbeitsproduktivität und führen folglich zu höheren Erträgen (Einkommen). (Timmermann & Weiß, 2011, S. 165f)

Dieser Theorieansatz wird im nächsten Kapitel dargestellt. Der Humankapitalansatz gilt als zentrales, identitätsstiftendes Instrument der Bildungsökonomie. Es wird auf die Investition von Bildung sowie auf deren Kosten und Erträge eingegangen. Weiters wird der Gutscharakter von Bildung und die Entstehung externer Effekte erklärt und im Zusammenhang damit wird der Finanzierungsaspekt von Bildung kurz beschrieben.

4 Humankapitaltheorie:

Bildungsinput und Bildungsoutcome

Dieses Kapitel beschreibt das theoretische Konzept der Bildungsökonomie, welches Bildung als ökonomischen Faktor, also als unternehmerische Tätigkeit beschreibt. Der Begriff Humankapital entstammt einer bestimmten Schule der Wissenschaft, nämlich der „Chicago School of Economics", die von den Wirtschaftswissenschaftlern Theodore W. Schultz und Gary S. Becker in den 1960er Jahren geprägt wurde. (Graupe, 2012, S. 35f)

Die Humankapitaltheorie bildet das Grundkonzept der Bildungsökonomie und kann als deren Kerntheorie bezeichnet werden. Der Grundgedanke der Humankapitaltheorie besteht darin, dass Aufwendungen und Anstrengungen für Bildung einen Investitionscharakter haben, welcher wirtschaftliche und soziale Vorteile mit sich bringt. (Pechar, 2006, S. 29) Der Nutzen von Bildung wird in Form einer Einkommenserwartung messbar gemacht. Eine Kosten-Nutzen-Kalkulation hat die Maximierung des Arbeitseinkommens zum Ziel. Im neoliberalen Wirtschaftskonzept ist das Messen von Kosten und Nutzen (Erträgen) sehr entscheidend, denn nur dann kann Effizienz festgestellt bzw. gemessen werden. (Krautz, 2007, S. 98f)

Investiert eine Person bzw. die Gesellschaft in Ausbildung, wird erwartet, dass sich die ökonomischen Erträge erhöhen. Die Investition in Bildung bzw. Ausbildung kann als Produktionsumweg verstanden werden, der sich nur dann lohnt, wenn das endgültige Produkt (die Arbeitskraft) durch Ausbildung eine höhere, wertschaffende Potenz erlangt als ohne diesen Produktionsumweg. (Maier, 1994, S. 47)

Die traditionelle Bildungstheorie wird vom Konzept der Bildungsinvestitionen, also der ökonomischen Theorie dahingehend unterschieden, dass die Bildungstheorie einen Eigenwert der Bildung (intrinsisch) betont, hingegen die Humankapitaltheorie einen zweckgebundenen, auf Ertrag erzielenden Charakter betont. Die Humankapitaltheorie ist eine ökonomische Theorie und liegt dem neoliberalen Konzept nahe. (Pechar, 2006, S. 27)

Wie verdeutlicht, nehmen in der Humankapitaltheorie die Bildungserträge einen zentralen Stellenwert ein. Der Grund dafür ist jener, dass Bildungserträge das ökonomische Motiv für Bildungsinvestitionen darstellen. Der ökonomische (volkswirtschaftliche) Nutzen der Bildung wird in einen politischen Kontext gestellt, denn Bildung ist vorwiegend ein Aufgabenbereich und Steuerungsaspekt der öffentlichen Politik.

In der politischen Ökonomie der Bildung spielt das Verhältnis öffentlicher und privater Güter eine wesentliche Rolle. In Verbindung mit dem Gutscharakter steht auch die Finanzierung des Bildungswesens. Jene bildungsökonomischen und bildungspolitischen Begriffe bilden die Grundlage bildungsökonomischer Überlegungen und Entscheidungen und werden im Folgenden näher erläutert.

4.1 Bildung als Investition

Die Bildungsökonomie betrachtet Bildung als Investition, als eine unternehmerische Tätigkeit, mit dem Ziel, Erträge zu erwirtschaften. Bildung wird durch die Investition somit zur Kapitalanlage, also zur Ware gemacht. Wenn Bildung eine Investition darstellt, dann wird in *Humankapital* investiert. Als Kapital wird jenes Vermögen bezeichnet, das erwerbswirtschaftlich eingesetzt wird. Das heißt Kapitalbildung ist ein Zuwachs an Kapital, somit eine Bestandserhöhung. (Pechar, 2006, S. 28f) Folglich stellt sich die Frage, ob Bildungsaufwendungen ausschließlich als Investition bezeichnet werden können oder ob sie auch einen Konsumcharakter aufweisen. Die Antwort findet sich in einem dualen Charakter von Bildungsaufwendungen, d.h. sie haben einen Investitions- und Konsumcharakter, je nachdem welcher individuelle und unternehmerische Zweck hinter der Bildungsaufwendung steckt. (Eckhardt, 1978, S. 57f)

Die Unterscheidung kann folgendermaßen beschrieben werden: Ausgaben bzw. Konsum stehen einer unmittelbaren Befriedigung der Forderung gegenüber (Kosten und Erträge entstehen zur selben Zeit), wohingegen bei einer Investition die Befriedigung der Bedürfnisse zeitlich verzögert wird. Aus einer Bildungsinvestition ergeben sich die Chancen auf zukünftige, monetäre aber auch nicht-monetäre Erträge. Außerdem besteht bei einer Investition die Möglichkeit, zwischen alternativen Verwendungsmöglichkeiten für die verfügbaren Ressourcen zu wählen. Bei einer Investition handelt es sich um eine unternehmerische Entscheidung, die auf den höchsten Ertrag abzielt. Der ökonomische Begriff der Investition wäre strenggenommen vom politischen Gebrauch des Investitions-begriffs abzugrenzen. (Pechar, 2006, S. 30f)

Bildungsausgaben können auch als Konsumausgaben definiert werden, wenn sie für den Lernenden individuelle Bedürfnisse befriedigen, die keinen ökonomischen Einfluss haben, also den Wert der Arbeitskraft nicht zwingend erhöhen. Eine Investitionsaufwendung hingegen entsteht dann, wenn der ökonomische Nutzen erhöht wird. (Maier, 1994, S. 53)

Die Europäische Kommission setzt auf eine Redefinition der Bildungsausgaben von Konsum zu Investition. Es wird das Ziel angestrebt, einen Paradigmenwechsel zu vollziehen. (Öffentliche) Bildungsausgaben sollen nicht als Staatsverbrauch und wiederkehrende Ausgaben verstanden werden, sondern als Investition in Wissen. (Lassnigg, 2003, S. 14f)

Diese Zielsetzung, öffentliche Bildungsinvestitionen mit dem Humankapitalbegriff in Verbindung zu bringen zeigt, dass der Humankapitalansatz in der nationalen sowie in der internationalen Politik Anwendung findet. Wirtschaftliche Mechanismen werden auf politische Entscheidungen übertragen. Dabei erlangt auch die Frage nach dem ökonomischen Nutzen, sprich der Wirtschaftlichkeit an Bedeutung. Daraus kann geschlussfolgert werden, dass andere Aspekte (z.B. soziale Funktion) der Bildungspolitik einer ökonomischen Verwertbarkeit unterworfen wird.

Ein Gegenargument kann sein, dass diese Zielsetzungen nicht konkret als „Ökonomisierung" gesehen werden können, da die Politik versucht, die ökonomischen Kosten-Nutzen-Überlegungen in einem sozialen und gesellschaftlichen Rahmen anzuwenden und zu verwerten. Investition wird demzufolge nicht rein ökonomisch gewertet. (Lassnigg, 2003, S. 15) Dennoch kann an diesem Argument kritisiert werden, dass die Messbarkeit der gesellschaftlichen und sozialen Bereiche an rein ökonomischen Zahlen orientiert ist. Soziale Phänomene lassen sind aber nur schwer in Zahlen ausdrücken.

Allerdings ist festzuhalten, dass Humankapital, wie das Wort alleine schon verdeutlicht, als Teil des Menschen anzusehen ist. Es ist Eigentum eines Individuums und jeder Mensch kann zu einem gewissen Grad selbst entscheiden, wie dieses Kapital eingesetzt wird. Unabhängig von der dahinterstehenden Motivation bzw. Funktion der Beschäftigung, bleibt das Recht auf Verwendung des Humankapitals bei seinem Besitzer. (Eckhardt, 1978, S. 60)

4.2 Kosten und Erträge von Bildung

Wie ausgeführt, spielt in der Bildungsökonomie besonders der ökonomische Nutzen der Bildung eine Rolle. Entscheidend ist hierbei das Verhältnis zwischen Nutzen bzw. Erträgen und Aufwendungen. Dieses Verhältnis ist maßgeblich dafür, ob eine Investition in Bildung aus ökonomischer Sicht sinnvoll ist und Gewinn bringt.

In der Praxis werden die beiden Begriffe oft verschiedenartig verwendet. Aus diesem Grund ist es notwendig, zuerst eine Abgrenzung der Begriffe zu tätigen, um etwaige Miss-verständnisse zu vermeiden. Bildungskosten sind von Bildungsausgaben zu unterscheiden. So umfassen Bildungskosten den Ressourcenverbrauch für Bildungszwecke, Bildungs-ausgaben hingegen definieren den Wert der zu beschaffenden Ressourcen für Bildungsaktivitäten.

Vor allem bei Berücksichtigung der zeitlichen Perspektive (Beschaffungszeitpunkt und Verbrauchszeitraum) wird der Unterschied klar und relevant. (vgl. Hummelsheim & Timmermann, 2010, S. 94)

Kosten können in zwei Formen gegliedert werden, in indirekte und direkte Kosten. Beide Arten sind jeweils dem Individuum selbst, sowie der Gesellschaft zuordenbar. Diese Unterscheidung ist vor allem dann sinnvoll, wenn die Bildungskosten gemessen werden sollen. Zu den direkten, individuellen Kosten zählen beispielsweise Schul- und Studiengebühren, Transportkosten, Personalkosten, sowie Lebenserhaltungskosten. Wobei die Berücksichtigung der Lebenserhaltungskosten sehr umstritten ist. So argumentieren einige WissenschaftlerInnen, dass direkte Bildungskosten nur dann anfallen, wenn sie abhängig von Bildungsbemühungen entstehen. (Eckhardt, 1978, S. 62f)

Die direkten Bildungskosten, die von der Gesellschaft getragen werden, umfassen laufende und einmalige Kosten. Laufende Bildungskosten sind z.b.: Personalkosten, Unterhaltskosten und Instandhaltungskosten von Anlagen, Gebäuden und Einrichtungen. Während zu den einmaligen Kosten Lehr- und Lernmittel (falls diese von der Gesellschaft zu tragen sind), Energiekosten (Heizung, Licht, Wasser, usw.), Subventionen und Zinsen für Fremdkapital zählen. (Eckhardt, 1978, S. 63f)

Die individuellen und kollektiven, indirekten Kosten werden als Opportunitätskosten bezeichnet. Diese Kosten entstehen bei Bildungsgängen, die über die gesetzliche Schulpflicht hinaus gehen, also bei höherer Schulbildung. Bei Individuen treten Opportunitätskosten dann auf, wenn eine zusätzliche Bildung (über die gesetzliche Schulpflicht hinaus) in Anspruch genommen und gleichzeitig auf eine berufliche Tätigkeit verzichtet wird. Der Verzicht auf das Einkommen bzw. *„die nicht realisierten Erträge und Nutzen der besten, nicht gewählten Entscheidungsalternativen"* werden in diesem Fall als Opportunitätskosten bezeichnet. (Hummelsheim &

Timmermann, 2010, S. 96) Auf die Gesellschaft wirkt sich dies möglicherweise durch ein verringertes Bruttoinlandsprodukt aus. Berechnet werden die Opportunitätskosten anhand des *„durchschnittlichen Einkommens der Erwerbstätigen vergleichbaren Alters und gleichen Geschlechts während der Dauer der zusätzlichen Ausbildung des Lernenden."* (Eckhardt, 1978, S. 67) Es wird viel Kritik über die Messbarkeit von Bildungskosten ausgeübt, da sich soziale und subjektive Faktoren meist der Messbarkeit entziehen.

Fakt ist, dass die Opportunitätskosten meist die größte Kostengruppe der Gesamtbildungskosten darstellen. (Hummelsheim & Timmermann, 2010, S. 96)

Bildungskosten stehen Bildungserträgen gegenüber. Hierbei ist darauf zu achten, dass Bildungserträge und der Bildungsnutzen oft synonym verwendet werden, die Begriffe aber nicht dasselbe meinen. Der Ertragsbegriff ist auf unternehmerische Tätigkeiten zurückzuführen, der Nutzenbegriff beinhaltet subjektive, unterschiedlich gefühlte und nicht beobachtbare Wirkungen des Bildungskonsums. Beide Begriffe sind aber notwendig, um Bildungsergebnisse bzw. die Wirkung von Bildung darzustellen. (Hummelsheim & Timmermann, 2010, S. 95)

Werden die Erträge von Bildungsinvestitionen betrachtet, ist es von Interesse, eine Effizienzanalyse zu machen. Hierbei wird der Wert des Ressourceninputs, also die Kosten mit den erzielten Wirkungen verglichen. (Hummelsheim & Timmermann, 2010, S. 96) Erst wenn diese beiden Faktoren verglichen werden, lässt sich wirtschaftlich feststellen, ob die Bildungsinvestition sinnvoll erscheint. Bildungserträge können in private und soziale (kollektive) Erträge gegliedert werden. Diese spalten sich wiederum in monetäre- und nicht-monetäre Erträge. Bildungspolitisch betrachtet, sind vor allem die privaten monetären Erträge von Relevanz. Das sind jene Erträge, die aus Einkommensvorteilen aufgrund von Bildung entstehen. Wie zu erkennen ist, spielt die Erwerbstätigkeit nach wie vor eine entscheidende Rolle: sie ist die Voraussetzung für ein geregeltes Lohneinkommen und folglich zur Messung von Bildungserträgen notwendig. (vgl. Pechar, 2006, S. 37f)

Neben dem Einkommen sind die Arbeitslosigkeit und Erwerbsbeteiligung entscheidende Indikatoren, welche die privaten, monetären Erträge beeinflussen. Zu den privaten, nicht-monetären Erträgen zählen beispielsweise Sozialprestige, Arbeitsqualität, Gesundheitsbewusstsein und soziale/kulturelle Ausbildungen. Soziale, monetäre Erträge umfassen z.b.: höhere Steuern, geringere Arbeitslosentransfers, sowie geringere Ausgaben für Gesundheit und Umwelt. Jene Erträge kommen vor allem durch „Spill-over Effekte"[7] anderer Erträge zustande. Soziale, nicht-monetäre Erträge reichen von gesellschaftlich wertvollen Einstellungen, wie beispielsweise Umweltbewusstsein bis hin zu sozialer Verantwortlichkeit, basierend auf gehobener, gesellschaftlicher Stellung. (Pechar, 2006, S. 38)

Die Berechnung der Wirkung der Bildungsökonomie nimmt eine wesentliche Stellung in der Optimierung von Ressourceninput und -output ein. Dazu gibt es verschiedene Berechnungsverfahren, wie beispielsweise die Kostenanalyse oder die Effizienzanalyse. (Auf das genaue Berechnungsverfahren und deren Unterschiede wird in diesem Text nicht näher eingegangen.) Die meisten davon reduzieren sich auf monetäre Erträge, da bei den nicht-monetären Erträgen ein mess- bzw. datentechnisches Problem auftritt. Wirkungsanalysen haben eine bedeutende Rolle in der ökonomischen Bildungsforschung und geben wertvolle Orientierungshilfen in politischen Entscheidungssituationen. Voraussetzung dafür ist natürlich eine ausreichende Datenlage, sowie eine klare Definition und Messung der jeweiligen Wirkung der verursachten Kosten. (Hummelsheim & Timmermann, 2010, S. 96f)

---

[7] Spill-over Effekte sind externe Effekte; Definition dazu in Kapitel „4.3 Gutscharakter und externe Effekte"

4.3 Gutscharakter und externe Effekte

Die Frage nach dem Gutscharakter der Bildung bzw. ob Bildung als öffentliches oder privates Gut anzusehen ist, ist nach wie vor nicht geklärt bzw. wird immer wieder aufs Neue diskutiert. Bei der Definition des Gutscharakters tritt auch gleichzeitig die Frage auf, welche Rolle dabei der Staat einnimmt. Da Bildung die Gesellschaft genauso betrifft wie die Wirtschaft, ist die politische Ökonomie der Bildung gefragt, eine Balance zwischen dem Verhältnis öffentlicher und privater Güter herzustellen. Seitens der Wirtschaft wird ein staatliches Eingreifen der Politik mit einem Marktversagen begründet. Es können drei unterschiedliche Formen von Marktversagen genannt werden: Nichtrivalität und Nichtausschließbarkeit im Konsum, externe Effekte sowie mangelnde Nachfragesouveränität. (Pechar, 2006. S. 43)

Wenn von einem Gutscharakter der Bildung gesprochen wird, ist klar zu erkennen, dass es sich um ein ökonomisches Gut handelt, das durch Knappheit gekennzeichnet ist. Diese Charakteristika lassen deutlich erkennen, dass Bildung als wirtschaftliches Gut, also als Ware gehandelt wird. Überdies hat Bildung auch die Eigenschaft eines Erfahrungsguts. Das heißt, dass sich die gesamte Wirkung von Bildung erst nach Vollendung bzw. vollzogener Nutzung entfaltet bzw. zeigt. (Hummelsheim & Timmermann, 2010, S. 97f)

Ob Bildung nun ein privates Gut, öffentliches Gut, mentorisches Gut oder Mischgut ist, darüber herrscht keine Einigkeit. Eine entscheidende Rolle über die Art des Gutscharakters kommt der Rivalität bzw. Nichtrivalität und der Ausschließbarkeit bzw. Nichtausschließbarkeit im Konsum zu. Hierbei geht es um die Nutzung von Gütern. Können Güter von beliebig vielen Konsumenten genützt werden und findet keine Beeinträchtigung für gewisse Individuen statt, ist das ein Fall von Nichtrivalität. Ein Beispiel hierfür ist Wissen. (Pechar, 2006, S.43) Ist es technisch oder finanziell nicht möglich bzw. sozial nicht vertretbar, Menschen, die für ein betreffendes

Gut nichts zahlen, am Konsum eines Gutes zu hindern, wird von Nichtausschließbarkeit gesprochen. Beispielsweise kann die öffentliche Sicherheit nicht von privater Zahlungsbereitschaft abhängen. Verfügt ein Gut über die Eigenschaften der Nichtrivalität und Nichtausschließbarkeit, wird es als öffentliches Gut bezeichnet. (Pechar, 2006, S. 43)

Verfügt ein Gut zusätzlich zu Rivalität und Ausschließbarkeit auch noch über uneingeschränkte, private Verfügungsrechte sowie volle Nutzen- bzw. Ertragsinternalisierung, kann es als privates Gut bezeichnet werden. Fehlen diese - oder eine dieser Eigenschaften - und weist das Gut hohe externe Effekte auf, wird von einem öffentlichen Gut gesprochen. Im Zusammenhang mit hohen, externen Kosten wird ein teilweises oder vollständiges Marktversagen angenommen. (Hummelsheim & Timmermann, 2010, S. 98)

Von einem *meritorischen Gut* ist dann die Rede, wenn private Bildungsvorzüge nicht in dem Maße ausgeprägt sind, wie sie vom Staat angeboten bzw. unterstützt werden. Der private Nutzen wird in diesem Fall nicht richtig bzw. falsch eingeschätzt. Das heißt, der gesellschaftlich gewünschte Versorgungsgrad ist niedriger als der individuell gewünschte. Am Beispiel Bildung kann ein meritorisches Gut beschrieben werden: *„Der Staat tritt mit der Schulpflicht als Anbieter einer Mindestbildung auf, denn bei einem rein privatwirtschaftlich organisierten Bildungsangebot würde zwar der Ausschließungsmechanismus – anders als bei den öffentlichen Gütern – funktionieren, aber die Nachfrage nach dem Gut Bildung ist gerade bei denjenigen sehr gering, die den Wert und Nutzen dieses Gutes aus traditionellen od. anderen Gründen niedrig ansetzten."* (Wirtschaftslexikon, 1993, S. 477) Der Staat hat dadurch auch die Möglichkeit, gewisse Normen und Werte der Gesellschaft zu steuern (z.B.: Demokratiebewusstsein, Chancengleichheit,...). (vgl. Hummelsheim & Timmermann, S. 98) Ein meritorisches Gut beruht auf mangelnder Nachfragesouveränität. (Pechar, 2006, S. 45f)

Als Mischgut wird Bildung dann bezeichnet, wenn es Merkmale eines öffentlichen und eines privaten Gutes aufweist. Dies kann dann auftreten wenn z.B.: ein Ausschluss- und Nachfragerivalitätsprinzip vorliegt und dennoch hohe, externe Erträge entstehen. (Hummels-heim & Timmermann, 2010, S. 98)

Von externen Effekten ist dann die Rede, wenn der gesamte Bildungsnutzen nicht ausschließlich den am Transaktionsprozess beteiligten Personen zukommt, sondern auch unbeteiligten Personen, Gruppen oder Gesellschaften (Dritte) Erträge (positive, externe Effekte) oder Belastungen (negative, externe Effekte) zukommen, ohne dass sie Mittel für die Bildungsaufwendung eingesetzt haben. (Hummelsheim & Timmermann, 2010, S. 98) Als Beispiel für einen positiven, externen Ertrag kann Bildung an sich, bzw. die Weitergabe von Wissen genannt werden; negative, externe Erträge können sich beispielsweise aus Umweltschäden, die von Gütern ausgehen und deren Nutzer nicht dafür haften, ergeben. Ist das gesellschaftliche Gesamtinteresse an einem Gut größer als die Summe der Einzelinteressen, liegt ein Marktversagen vor. (Pechar, 2006, S. 45)

Wäre das Bildungswesen rein vom Markt gesteuert, also nur von privaten Nutzenkalkülen der Nachfrageseite bestimmt, wäre die Versorgung der Gesellschaft mit Bildung, im Sinne von Qualifikation, nicht optimal geregelt. Aus diesem Grund greift der Staat ein und übernimmt die Verantwortlichkeit für die Bereitstellung und Finanzierung von Bildung. Dabei kommt es jedoch darauf an, wie die externen Effekte von jedem Einzelnen und von der Gesellschaft eingeschätzt werden und im Vergleich dazu, wie die privaten Erträge beurteilt werden. Daher ist es notwendig, eine Unterscheidung zwischen den Bildungsstufen bzw. Schulstufen zu machen. Die Pflichtschule weist andere externe Erträge auf als beispielsweise die Universität. Entscheidend dabei sind die soziale Integration und der Wert sowie die Einstellung gegenüber dem Zusammenhalt einer Gesellschaft. So steht politisch gesehen nicht die ökonomische Verwertbarkeit von Bildung im Vordergrund, sondern die Fähigkeiten und Einstellungen gegenüber der Gesellschaft, die ein Individuum im Laufe des Bildungsweges einnimmt.

Diese Werte definieren demnach den Begriff „positive, externe Effekte". (Pechar, 2006, S. 45)

4.4 Finanzierung

Wird das Bildungswesen mit seiner wirtschaftspolitischen und sozioökonomischen Stellung betrachtet, sind Widersprüche bezüglich der Finanzierung zu erkennen. Dies liegt einerseits aufgrund großer Sparzwänge der öffentlichen Haushalte auf der Hand, welche aus Gründen der Stabilisierung ebendieser auferlegt werden, andererseits aufgrund diverser, wirtschaftspolitischer Zielsetzungen (z.B. Internationalisierung) der letzten Jahrzehnte. Öffentlichen Haushalten wird, aufgrund ökonomischer Wachstumsmodelle, eine wachstumshemmende Wirkung zugeschrieben. Allerdings wird Bildungsinvestitionen eine deutliche, wachstumsfördernde Wirkung zugewiesen. So zeigen OECD Studien etwa, dass Bildungsinvestition einen positiven Beitrag im Vergleich zur Größe des öffentlichen Sektors aufweisen. (Lassnigg, 2003, S. 16ff)

Um diese Widersprüchlichkeiten zwischen der Höhe der Bildungskosten und der Wirksamkeit der Bildungsinvestitionen zu beseitigen, wird das Verhältnis von öffentlichen und individuellen Bildungsinvestitionen herangezogen. Dieses Verhältnis zeigt jedoch weitere Unklarheiten, was die Wirksamkeit bzw. das Verhältnis der beiden Komponenten betrifft. Es ist beispielsweise unklar, wie es zu verschiedenen Formen von Marktversagen kommt, sowie zu dem zusammenhängenden Verhältnis von individuellen und sozialen Erträgen der Bildungsinvestitionen. Hier stößt man auf das Problem der Messbarkeit, denn entscheidend sind an dieser Stelle die Erträge und Opportunitätskosten, die mit Bildungsinvestitionen in Verbindung stehen. (Lassnigg, 2003, S. 16ff)

Einhergehend mit der Investition in Bildung, den Kosten und Erträgen sowie dem Gutscharakter und den entstehenden externen Kosten, stellt sich erneut die Finanzierungsfrage. Wer hat nun die Kosten der Bildung zu tragen?

Es ist zu erkennen, dass sich die meisten Güter nicht strikt in öffentliche oder private Güter trennen lassen. Sobald der Staat eingreift, bzw. ein Marktversagen vorliegt, ist meist von einem Mischgut die Rede. Tendenziell lässt sich das Bildungswesen eher als ein öffentliches Gut charakterisieren, wenngleich es in manchen Bereichen eher den Charakter eines Mischgutes aufweist bzw. auch ein privates Gut [z.B.: Privatschulen und Privatuniversitäten, sowie (berufliche) Weiterbildung] sein kann. (Pechar, 2006, S. 46f.) Diese Tendenzen sind in den folgenden Abbildungen 1 und 2 veranschaulicht.

Abbildung 1: Mix öffentlicher und privater Güter (Pechar, 2006, S. 47)

Abbildung 1 zeigt verschiedene Bereiche und deren grobe Einordnung. Die Darstellung bezieht sich auf Österreich und zeigt, dass der Bildungsbereich nach wie vor hauptsächlich öffentlich finanziert und bereitgestellt wird. Das Bildungswesen ebenso wie das Gesundheitswesen sind sehr umstrittene Bereiche, deren Liberalisierung diskutiert wird. Derzeit werden aber beide Bereiche vorwiegend noch als öffentliche Güter charakterisiert.

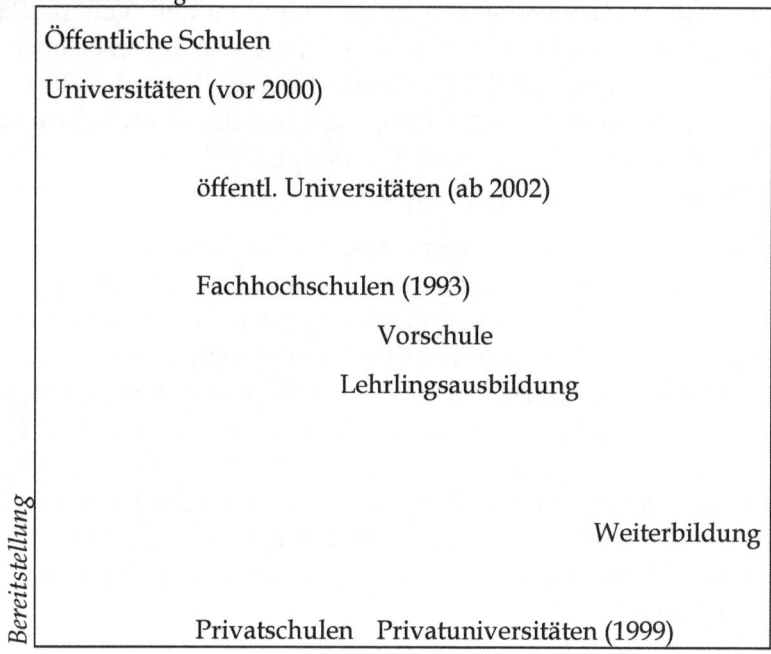

Staat *Finanzierung*

Öffentliche Schulen

Universitäten (vor 2000)

öffentl. Universitäten (ab 2002)

Fachhochschulen (1993)

Vorschule

Lehrlingsausbildung

Bereitstellung

Weiterbildung

Privatschulen   Privatuniversitäten (1999)

Markt

Abbildung 2: Öffentlich/privater Mix bei Bildungsgütern (Österreich) (Pechar, 2006, S. 47)

Abbildung 2 zeigt das Bildungswesen Österreichs, unterteilt in einzelne Bereiche. Anhand dieser Darstellung kann man leichter erkennen, wie sich das Verhältnis zwischen öffentlichem und privatem Gutscharakter verhält und immer mehr in die private Richtung rückt. Besonders ist dieser Trend im Hochschulbereich zu erkennen. Hier ist die Rede von „hybriden Organisationen", d.h. die Finanzierung besteht aus öffentlichen und privaten Geldern. Somit sind Hochschulen zum einen unternehmerisch tätig, während sie zum anderen einen gesetzlichen Auftrag erfüllen, daher ist Bildung in diesem Bereich ein gemischtes Gut. Im Schulwesen ist hingegen noch keine offensichtliche, starke Tendenz in Richtung privater Güter zu erkennen. Wird das Segment der Weiterbildung betrachtet, wird ersichtlich, dass der öffentliche Teil hier eher gering ist und hauptsächlich vom Markt finanziert und bereitgestellt wird. Eine Ausnahme bildet beispielsweise die Umschulung und Qualifikation von Arbeitslosen, die hauptsächlich von öffentlicher Seite finanziert werden. (Pechar, 2006, S. 47ff)

Wird nun davon ausgegangen, dass Bildung ein gemischtes Gut ist, ist folglich eine Mischfinanzierung angemessen bzw. gerechtfertigt. Die öffentliche (Teil-) Finanzierung rechtfertigt sich durch externe Erträge. Angenommen es gäbe eine reine private Finanzierung würden die externen Erträge zu keiner optimalen oder dürftigen Bildungsnachfrage führen. (Timmermann & Weiß, 2011, S. 175) Dies hätte möglicherweise beträchtliche Folgen für die Gesellschaft, da Bildung eine wichtige Funktion im Leben eines Individuums und dessen Entwicklung einnimmt. Die reine ökonomische Lenkung der Bildung würde wichtige menschliche Aspekte unbeabsichtigt lassen.

Timmermann und Weiß argumentieren aber, dass der Gutscharakter letztlich keine ausreichend normative Basis für die Aufteilung der Finanzierung des Bildungswesens bildet. Sie meinen, dass der Finanzierungsaspekt letztlich ein Ergebnis politischer Entscheidung sei. (2011, S. 175)

Die Theorie der Bildungsökonomie, sowie die daraus abgeleitete Humankapitaltheorie stützen sich auf die Überlegungen des Neoliberalismus. Das neoliberale Konzept bildet das Grundgerüst und hat bedeutenden Einfluss auf die Definition und die Handhabung der oben genannten bildungspolitischen und bildungsökonomischen Begrifflichkeiten und Entscheidungen. Das nächste Kapitel umfasst die wichtigsten Grundzüge des neoliberalen Konzepts und geht folglich noch genauer auf die Bedeutung des Humankapitals ein.

5 Neoliberalismus und Bildung

Das Konzept des Neoliberalismus spielt im Bildungsbereich eine entscheidende Rolle. Der Standpunkt, dass der Mensch als Rohstoffquelle dient, ist weit verbreitet und gilt durch die Humankapitaltheorie als bestätigt. Die geistigen Fähigkeiten des Menschen in Bildungs-einrichtungen werden in wirtschaftlich verwertbare Ressourcen umgewandelt. Bildung soll somit als Investition gesehen werden und der Mensch wird zu einem gewissen Maße in eine Ware transformiert. Diese Idee ist tief im neoliberalen Gedankengut verankert. Durch die angestrebten Liberalisierungen, von der auch der Bildungssektor betroffen ist, wird Bildung immer mehr in die ökonomische Logik neoliberaler Wirtschaftspolitik eingebunden. (vgl. Bernhard, 2007, S. 202ff)

Neoliberalismus - ein Wort mit negativem Beigeschmack - wird oft als Kampfbegriff gegen ein wirtschaftspolitisches Konzept verwendet. Es bedeutet mehr Markt, mehr Wettbewerb und mehr individuelle Freiheit und im gleichen Zuge weniger Staat und weniger Regulierungen. Im neoliberalen Kontext stellt sich nicht die Frage, ob staatliche Regulierungen notwendig sind, sondern vielmehr wieviel Staat generell benötigt wird. (Willke, 2003, S. 28)

Diese kurzen Ausführungen sollen einen Überblick über die Denkrichtung des vorherrschenden Neoliberalismus geben. Es soll das Konzept in kurzen Zügen darstellen, sowie die Übereinstimmungen und Abgrenzung zu anderen wirtschaftspolitischen Konzepten klar-stellen. Das neoliberale Konzept prägt das Humankapitalkonzept sehr stark. Da das Humankapitalkonzept in der Bildungsökonomie eine Kernfunktion einnimmt, soll es als das Verbindungsglied zur neoliberalen Wirtschaftspolitik dienen. Wie jedes wirtschaftspolitische System wird auch der Neoliberalismus stark kritisiert. Ob diese Kritik zu Recht ausgeübt wird oder nicht, sei zunächst dahingestellt. Letztendlich regt Kritik zum Denken an und ermöglicht es, über den Tellerrand zu schauen. Die negative Kritik des Neoliberalismus soll aber die positiven Effekte, die auch diese Theorie mit sich bringt, nicht gänzlich überschatten.

5.1 Das neoliberale Konzept

Die Entstehung des neoliberalen Konzepts gründet in den 1930er Jahren, zur Zeit der Weltwirtschaftskrise. Durchbruch fand es aber erst in den 1970er Jahren, als es das Keynesianische System als vorherrschende Orientierung ablöste. Der zu jener Zeit stattfindende Wirtschaftseinbruch - ausgelöst durch den Ölpreisschock - bewirkt ein Zusammentreffen von Inflation und volkswirtschaftlicher Stagnation. Es konnte kein Ausweg mehr gefunden werden, somit musste die herrschende wirtschaftliche Konzeption überdacht und geändert werden. Dies war der Durchbruch des *neoliberalen Projekts*, welches zum großen Teil auf die neoklassische Denkweise zurückzuführen ist. (Willke, 2003, S. 31f)

Wenn der historische Verlauf verfolgt wird, kann festgestellt werden, dass der Neoliberalismus aus spezifischen, gesellschaftlichen Bedingungen laufend geändert und erweitert wurde. Der Neoliberalismus hat Entstehungszentren vor allem in Österreich, England, Frankreich und den USA. Somit kann er als internationale Bewegung gesehen werden. In den einzelnen Ländern können aber verschiedene Richtungen des Neoliberalismus vorgefunden werden, deshalb ist es eigentlich inkorrekt, von dem *einen* Neoliberalismus zu sprechen. (Ptak, 2007, S.16) So gibt es beispielsweise den anglo-amerikanischen Neoliberalismus bzw. die „Chicago School", die vor allem durch Milton Friedman bekannt geworden ist, oder die „Österreichische Schule", die von Ludwig von Mises und Friedrich August von Hayek geprägt wurde. Weiters ist noch der Ordoliberalismus zu verzeichnen, der den deutschen bzw. kontinentaleuropäischen Weg des Neoliberalismus formte. Später kamen noch weitere Strömungen hinzu, wie etwa der Public-Choice Ansatz (Theorie kollektiver Entscheidungen), der Rational-Choice Ansatz (Theorie rationaler Entscheidungen) und der Property-Rights Ansatz (Theorie der Eigentumsrechte). (vgl. Ptak, 2007, S. 23) Obwohl der

Neoliberalismus verschiedene Strömungen in unterschiedlichen Ländern aufweist, wird hier kein konkretes, neoliberales Konzept angewendet, da Grund-annahmen und übergeordnete Ziele einheitlich sind.

Zum Durchbruch des neoliberalen Projekts trug die große Wende in den 1970er Jahren bei, als in Großbritannien Margret Thatcher, in Westdeutschland Helmut Kohl und in den USA Ronald Reagan gewählt wurden. Jene setzten sich für die neoliberalen Pläne der Deregulierung, Privatisierung, Flexibilisierung der Arbeitsmärkte, sowie Veränderung des Sozialstaates ein. Darin sah man zu jener Zeit den Ausweg aus der Massenarbeitslosigkeit, Investitionsschwäche und der steigenden Staatsverschuldung. Diese Veränderungen sollten den Ländern helfen, die Konkurrenzfähigkeit zu verbessern. (Willke, 2003, S. 32f)

An dieser Stelle spielt das Bildungswesen eine entscheidende Rolle. So formen die Menschen mit ihren Fähigkeiten den Rohstoff, mit dem ein Land wettbewerbsfähig werden kann. *„Die geistigen Potenzen des Menschen sollen über die Arbeit in den Bildungseinrichtungen in wirtschaftlichen Reichtum überführt werden."* (Bernhard, 2007, S. 203)

Der Neoliberalismus stützt sich zum einen auf den alten Liberalismus, also den Wirtschaftsliberalismus, gleichzeitig grenzt er sich aber von dessen „Laissez-faire Prinzip" ab und erkennt, dass die Marktwirtschaft nicht gänzlich ohne staatliche Regulierung auskommt. So müssen nach wie vor gesamtgesellschaftliche Aufgaben, wie beispielsweise die Rechtsstaatlichkeit, Bildung, Sicherheit, usw., durch Steuereinnahmen finanziert werden.

Der Staat übernimmt in seiner Funktion wesentliche Annahmen der ökonomischen Klassik, wie etwa die innere Funktionsweise des Marktmechanismus (Markt-Preistheorie) und das individualistische Menschenbild. Allgemein bildet die langfristige Durchsetzung und dauerhafte Stabilisierung der Marktgesellschaft das Kernanliegen des Neoliberalismus. Somit ist er keine neue Erscheinung an sich, sondern eine *„modernisierte und erweiterte Variante des Wirt-*

schaftsliberalismus in der Tradition von Klassik und Neoklassik". (Ptak, 2007, S. 16)

Die Neoklassik bildet bis heute die standardmäßige Lehrbuchökonomie. Im Zentrum steht hier der Grenznutzen. Jener zeigt sich durch den subjektiven Nutzen der KonsumentInnen im Angebot-Nachfrage-Modell. Es handelt sich hierbei sozusagen um eine Theorie des Tauschens, die sich durch optimale Marktzustände charakterisiert. Verdeutlicht wird dies mit mathematischen Methoden, in der Form von Gleichgewichtsmodellen. Die vollkommene Konkurrenz bildet dabei den optimalen Zustand. Das neoklassische Marktmodell stellt eine Theorie dar, die von einer fairen Ressourcenverteilung ausgeht, diese ist in der Realität aber nicht gegeben. Übereinstimmung finden die Neoklassik und der Neoliberalismus in der Analyse von Tauschvorgängen, sowie in der Preisbestimmung durch die relative Knappheit der Ressourcen. Der Neoliberalismus kritisiert grundsätzlich an der neoklassischen Theorie, dass sie die gesellschaftliche Abhängigkeit ökonomischer Prozesse nicht berücksichtige. (Ptak, 2007, S. 28f)

Im Zentrum des neoliberalen Denkens steht der politisch-ideologische Kampf gegen die Planwirtschaft. So entwickelt sich der „Kollektivismus" zum Gegner und im gleichen Zuge der „Individualismus" und die „freie Marktwirtschaft" zum Freund. Diese Kampfstellung darf nicht fehlinterpretiert werden. Somit ist der Neoliberalismus mehr *„als eine Wirtschaftstheorie, die ökonomische Vorgänge aus einer marktwirtschaftlichen Perspektive beobachtet, analysiert und prognostiziert (... zu sehen) ... In ihm bündeln sich – ausgehend vom ökonomischen Zentrum – philosophische, rechts- und politikwissenschaftliche, soziologische und historische Stränge zu einem strategischen Projekt der Durchsetzung einer individualistischen Marktgesellschaft."* (Ptak, 2007, S. 26) Vernetzung finden die verschiedenen Ausformungen vor allem in sogenannten Think Tanks. Der erste Think Tank, der gegründet wurde und mittlerweile der größte, ist die „Mont Pèlerin Society" (MPS). Sie entwickelte sich zum bedeutendsten neoliberalen Elitenetzwerk der Welt und greift inzwischen auf Mitglieder aus allen Kontinenten und gut vernetzten Think Tanks zurück. (Ptak, 2007, S. 22)

Die neoliberale Strategie hat über einen langen Zeitraum die Gesellschaft beeinflusst und sich so relativ erfolgreich im Gedankengut des alltäglichen Denkens internalisiert. Wie sich die weitere Verbreitung des Systems noch entwickelt, bleibt offen.

Die folgenden Punkte beschreiben den zugrundeliegenden theoretischen Rahmen des Neoliberalismus. Der Marktmechanismus, mit der Eigenschaft der *unsichtbaren Hand* und der spontanen Ordnung, nimmt die Hauptrolle ein. Der Staat steht dabei in einem Spannungsverhältnis zwischen Wirtschaft und Gesellschaft. Das neoliberale Menschenbild ist vom Individualismus geprägt und bildet die tragende Säule des neoliberalen Gedankenguts. Der Neoliberalismus wird von Kritikpunkten überhäuft, nachfolgend zusammenfassend erläutert werden.

5.1.1 Neoliberalismus und Markt

Der Markt nimmt die zentrale Stelle im Neoliberalismus ein. Das neoklassische Marktmodell bildet die Grundlage für die marktradikalen Ansätze des neoliberalen Konzepts. Dieses mikroökonomische Modell ist in allen Lehrbüchern zu finden, stellt die allgemeine Gleichgewichtstheorie in Diagrammen dar und versucht aufgrund plausibler Beispiele zu erklären, wie Angebot und Nachfrage vom Preis abhängen und gemeinsam zum Gleichgewicht führen. Das heißt, die Kernelemente der neoklassischen Wirtschaftstheorie bilden die Markt- und Preistheorie, welche die Koordination wirtschaftlichen Handelns unter Konkurrenzbedingungen beschreibt. Jene Markt- Preistheorie bildet die konzeptionelle Basis des Neoliberalismus. (Willke, 2003, S. 34) Der Glaube an den Markt und die damit einhergehende neoliberale Ideologie erklären sich zum großen Teil durch die globale Verbreitung über mikroökonomische Lehrbücher. (vgl. Ötsch, 2009, S. 105)

Das Modell-Denken der NeoklassikerInnen bezieht sich auf die Naturwissenschaften. NeoklassikerInnen glauben, die Wirtschaft könne so wie die Natur untersucht werden. Sie verarbeiten ihre Theorien dabei in mathematische Modelle und versuchen so eine logische, widerspruchsfreie Struktur herzustellen. Dieses Modell-Denken führt dazu, dass der Markt der Natur zugeordnet wird. Das heißt, der Markt verhält sich den Naturgesetzen entsprechend und benötigt keine höhere, regulierende Instanz. Durch die mathematischen Definitionen lässt sich die Funktionsweise des Marktes gut und plausibel erklären bzw. belegen. Diese Argumente tragen wesentlich zum Erfolg des Konzepts bei. So kann die neoklassische Markttheorie zeigen, dass die Handlungen und Entscheidungen von Wirtschaftssubjekten durch den Preismechanismus und durch Konkurrenz effizient koordiniert werden. Dies geschieht zum Nutzen der beteiligten Wirtschaftssubjekte, also auch zum Vorteil der Gesellschaft. (Ötsch, 2009, S. 107f)

Da der Neoliberalismus verschiedene, historische Ausprägungen bzw. Strömungen hat, werden im Folgenden zwei wesentliche Marktansätze angeführt. Zum einen den von Hayek geprägten Ansatz und zum anderen den deutschen ordoliberalen Ansatz. Die beiden Ansätze werden in der Literatur meist nicht strikt getrennt bzw. widersprechen sich nicht dem Grunde nach. Aus diesem Anlass findet eine Trennung in diesem Text auch nur zu einem gewissen Teil statt.

In dem von Friedrich August von Hayek geprägten, neoliberalen Ansatz übernimmt der Markt eine Koordinations- und Steuerungsfunktion und passt die konkurrierenden Interaktionen der Wirtschaftssubjekte, sprich deren Angebot und Nachfrage, aufeinander ab. Der Markt, genauer gesagt der Wettbewerb, funktioniert als Anreiz- und Sanktionsmechanismus. Wirtschaftssubjekte generieren im Wettbewerbssystem wirkungsvolle Anreize, um den Nutzen zu maximieren und Gewinne zu erzielen. Der Markt übernimmt dabei eine überlegene, alternativlose Rolle. Dies beruht auf die Unbegrenztheit des Wissens der Märkte und dem menschengerechten und anonymen Mechanismus im evolutionären Prozess, gegenüber dem sich der Markt durchgesetzt hat. So scheint es, als ob der Markt jene Vorzüge durch eine „unsichtbare Hand" in eine „spontane Ordnung" bringt. Jene spontane Ordnung ergibt sich aus Interaktion und Konkurrenz der handelnden Menschen. Der Staat spielt in diesem Ansatz eine begrenzte Rolle. (Ptak, 2007, S. 33; S. 41ff)

Der deutsche Neoliberalismus, auch Ordoliberalismus genannt, stellt die wettbewerbsorientierte Marktwirtschaft in den Mittelpunkt. Dem Staat kommt dabei eine bedeutendere Rolle in der neoliberalen Wirtschaftsordnung zu. Er übernimmt die Funktion eines starken Staates, der die wettbewerbsintensive Marktwirtschaft organisieren bzw. ordnen soll. Somit übernimmt der Staat den Aufgabenbereich der Wettbewerbsregeln. Das heißt, es ist eine staatliche Aufgabe, Regeln und Normen zu erstellen und durchzusetzen, welche die Rahmenbedingungen für wirtschaftliches Handeln festlegen. Es ist die Aufgabe der Politik, die Rahmenbedingungen für die Wirtschaft so zu gestalten, dass Marktergebnisse verbessert werden, ohne dabei Marktprozesse zu behindern. Der Wettbewerb soll, bzw. muss, trotz der Sozialfürsorge, intakt gehalten werden. Dieser Ansatz der Ordnungspolitik hat großen Einfluss in der gegenwärtigen deutschen und europäischen Wirtschaftspolitik. Wobei nochmals klar erwähnt werden muss, dass dieser Ansatz und der oben geschilderte, von Hayek vertretene Ansatz, nicht im Widerspruch zueinander stehen. Hayek ist lediglich der Meinung, dass der Wettbewerb und eine perfekt organisierte, staatliche Veranstaltung im Widerspruch zueinander stehen. Es ist festzuhalten, dass sich die streng autoritäre Marktwirtschaft des Ordoliberalismus nicht durchsetzen konnte. Die Erkenntnis, dass es einer staatlichen Ordnung bedürfe, damit der Marktmechanismus funktionieren kann, wurde weitgehend akzeptiert und in das grundlegende, neoliberale Konzept übernommen. (vgl. Ptak, 2007, S. 32ff)

Eine weitere Dynamik des Marktmechanismus ist jene, dass das wirtschaftliche Handeln, welches mit sozialem Handeln gleichgesetzt wird, nicht nur die individuellen Bedürfnisse und Präferenzen der handelnden Akteure am Markt erfüllt, sondern als Nebeneffekt auch zum Gemeinwohl der Gesellschaft beiträgt. Voraussetzung für diesen externen Effekt, ist das Einhalten der geschaffenen Rahmenbedingungen. Und wie schon erwähnt, ist die Politik für diese Rahmenbedingungen zuständig. Somit liegt es (der Wirtschaft zufolge) in der Hand der Politik, soziale Ungerechtigkeit, Arbeitslosigkeit, Umweltschäden, usw. zu bewältigen. Es darf aber nicht vergessen werden, dass es grundsätzlich den handelnden Subjekten freigestellt ist, ob sie sich nun an die Regeln halten oder nicht. Die ökonomische Theorie geht aber davon aus, dass Tauschakte nur dann funktionieren, wenn die beteiligten Subjekte einen Nutzen aus dem Tauschgeschäft ziehen. Durch den Wettbewerb wird dies vorangetrieben. (Willke, 2003, S. 68f)

Die Theorie besagt, dass ein Fehlverhalten mit Verlusten bestraft wird. Ist dies nicht der Fall, ist es die Angelegenheit des Staates, die Gesetze so festzulegen, dass ein nicht regelkonformes Verhalten bestraft wird. (Willke, 2003, S. 71) So ergibt sich nachkommende Schlussfolgerung: *„Wenn Leistungsbereitschaft, Fähigkeiten und Wissen der Individuen durch das Eigeninteresse angetrieben, durch den Wettbewerb koordiniert und in Wertschöpfung umgesetzt werden, ergibt sich daraus ein beachtlicher Beitrag zur Wohlfahrt aller."* (Willke, 2003, S. 68)

Ein zusätzliches, wichtiges Charakteristikum des Marktmechanismus ist die *„unsichtbare Hand"* des Marktes. Jene funktioniert wie ein Koordinations- und Steuerungsmechanismus. Die individuellen Präferenzen der Wirtschaftssubjekte (Anfrageseite) werden mit den knappen Ressourcen des Produktionsbereichs (Nachfrageseite) effizient koordiniert und gesteuert. Wenn diese Marktbedingungen eintreten, spricht Hayek von einer *„spontanen Ordnung"*. Das heißt, dass Angebot und Nachfrage unter Konkurrenzdruck durch die unsichtbare Hand des Marktes in eine spontane Ordnung gebracht werden. Dadurch wird der Eigennutzen der beteiligten Wirtschaftssubjekte realisiert, ohne dass dies direkt geplant bzw. beabsichtigt gewesen wäre. (vgl. Willke, 2003, S. 53ff) Allerdings ist zu beachten, dass diese Marktmechanismen nur unter ganz bestimmten Voraussetzungen, nämlich dem Vorhandensein einer staatlichen Ordnung und rational handelnder Wirtschaftssubjekte, erfüllt werden können. (Willke, 2003, S. 56)

Wie soeben geschildert, nimmt der Staat im neoliberalen Wirtschaftssystem eine bedeutende Rolle ein. Klar ist, dass der Neoliberalismus eine staatliche Regelung braucht. Um mehr Klarheit über die Funktion des Staates zu erhalten, wird im nächsten Kapitel auf die Rolle des Staates im Neoliberalismus eingegangen.

5.1.2 Neoliberalismus und Staat

Wie schon erwähnt, lehnt der (Neo-)Liberalismus den Staat nicht grundsätzlich ab, sondern spricht sich gegen zu viel Staat aus. Anhand der staatlichen Beteiligung unterscheiden sich auch die verschiedenen neoliberalen Ansätze. Die folgende Beschreibung orientiert sich hauptsächlich an jenem Ansatz, der im deutschsprachigen und europäischen Raum Anwendung findet. Eine detailliertere Gliederung wird in dieser Arbeit nicht mehr vorgenommen.

Besonders für die soziale Sicherheit und den Rechtsfrieden ist der Staat wichtig. Neoliberal Denkende sind der Meinung, dass eine gut regierte Gesellschaft notwendig ist, in der sich unterschiedliche Wirtschaftsbereiche entfalten können und fortschreitende Arbeitsteilung möglich ist. Nur dann kann sich der Wohlstand einer Gesellschaft entfalten. Der Staat soll die Funktion eines Schiedsrichters übernehmen, der Gesetze beschließt, jene dirigiert und überwacht, dabei soll aber auf keinen Fall der Wettbewerb behindert werden. (Willke, 2003, S. 84f)

Neoliberale sehen vor allem die Tätigkeitsbereiche des Schutzes der Gesellschaft, (innere und äußere Sicherheit, sozialer Schutz, Arbeits-, Gesundheits-, Umweltschutz usw.), sowie Sicherung der Eigentums- und Rechtsordnung, der Markt- und Wettbewerbsordnung, und die Bereitstellung öffentlicher Güter, als staatliche Aufgaben an. (Willke, 2003, S. 85)

Handelssubjekte brauchen Handlungsspielräume innerhalb der Gesetze. Jene sollen ermöglichen, dass individuelle Präferenzen ausgelebt werden können, ohne dass der Bezugsrahmen überschritten werden muss. Die Gesetze und der bereitgestellte Handlungsspielraum sollen dazu dienen, dass jedes Individuum die Möglichkeit hat, die gleiche Freiheit zu erreichen. Staat und Recht erstellen einen freien Raum, der den Individuen die Chance bieten soll, das individuelle Glück zu erreichen. Nur dann, so argumentieren die Neoliberalen, ist Wachstum und Beschäftigung dauerhaft gewährleistet. Das heißt, in der freien Marktwirtschaft ist Freiheit nur innerhalb eines bestimmten Rahmens anerkannt. (Willke, 2003, S. 85)

Zusätzlich soll das Prinzip der Subsidiarität in Kraft treten; das heißt, dass der Staat nur dort eingreifen und helfen soll, wo der Markt alleine nicht die gewünschten bzw. zufriedenstellenden Ergebnisse erwirtschaftet. Es kann hier von einer strukturellen Zusammenfügung von Markt und Staat gesprochen werden. Einerseits soll die Autonomie des operativ geschlossenen Marktsystems geschützt und effektiv genützt werden, während andererseits die schädlichen Folgen des Marktes für das Gesamtsystem verringert und aufgehoben werden. (Willke, 2003, S. 87)

Je nach historischen und gesellschaftlichen Bedingungen unterscheiden sich neoliberale Modelle und deren Ausprägungen des Wirtschaftssystems und des politischen Systems. In den USA beispielsweise nimmt der Staat eine geringe Regelungsmacht ein, in Mitteleuropa spielt die ordnende Hand des Staates eine größere Rolle. (Willke, 2003, 87f)

Grundsätzlich hat der Staat bzw. die Politik die Aufgabe, eine gewisse Gesamtordnung zwischen den einzelnen Teilsystemen zu schaffen. Es ist prinzipiell wichtig, innerhalb des Gesamtsystems die einzelnen Systeme so zu koppeln, dass kein Teilsystem überhand nehmen kann. Verbindliche politische Vorgaben der Gesellschaft (z.B.: Gesetze und Verordnungen, ...) sind mögliche Formen, um Ordnung zu schaffen. Dass die Wirtschaft nach einer Ordnungspolitik verlangt, darüber sind sich Neoliberale grundsätzlich einig. Zusätzlich herrscht Einigkeit darüber, dass zu viel staatliche Ordnungspolitik die Wirtschaftsordnung zerstören kann, weil sie dem individuellen Mensch die Sorge um die Zukunft gänzlich abnimmt. (Willke, 2003, 88ff)

In Verbindung mit dem Thema Wohlstand ist das Thema der Gerechtigkeit nicht zu vernachlässigen. Der Neoliberalismus vertritt die Meinung, dass individuelles, wirtschaftliches Handeln nicht nur den eigenen, sondern auch den Wohlstand aller erhöht. Daraus resultiert ein Zusatznutzen. Es wird aber nicht berücksichtigt, dass die Ausgangs-bedingungen unterschiedlich sind. So sind die Einkommens- und Vermögensverteilungen ungerecht anzusehen. Hayek beispielsweise verdrängt diese Ausgangsbedingungen grundsätzlich und ist der Meinung, dass es kein erkennbares, allgemeines Prinzip für soziale Gerechtigkeit gibt. (vgl. Willke, 2003, S. 73) Der Neoliberalismus anerkennt lediglich die Gerechtigkeit der Spielregeln, die eine vermeintliche Chancengleichheit herstellen. Vielmehr verlagert der Neoliberalismus das Problem der Chancenungleichheit auf die politische Seite. So ist es im europäisch geprägten Neoliberalismus die Aufgabe der Politik, ungleiche Bedingungen durch politische Maßnahmen auszugleichen. (Willke, 2003, S. 72f)

Zusammenfassend kann gesagt werden, dass sich der Neoliberalismus grundsätzlich auf die selbststeuernden Mechanismen des Marktes (spontane Ordnung) stützt. Das heißt, der Markt steht grundsätzlich über allen Dingen und verhält sich vollkommen natürlich. In Bereichen der Sicherheit übernimmt jedoch der Staat die Verantwortung. Jene Bereiche beeinflussen zum Teil auch das wirtschaftliche Verhalten. So ist es die Aufgabe des Staates, Regeln so aufzustellen, dass der Mechanismus und die Funktionsfähigkeit des Marktes nicht gestört werden. Probleme können lediglich aufgrund politischer Aktionen entstehen und sind somit von der Politik bzw. vom Staat aufgrund der ordnungspolitischen Stellung zu lösen. Das zugrundeliegende Problem wird in der Annahme des natürlichen (sich selbst steuernden) Marktes gesehen, der sich jeglicher Verantwortlichkeit entzieht.

5.1.3 Das neoliberale Menschenbild

Das neoliberale Menschenbild, auch homo oeconomicus genannt, unterwirft sich individualistischen Zielsetzungen und bildet gleichzeitig die tragende Säule des neoliberalen Gedankenguts. Die neoliberale Sichtweise stellt den Menschen mit seinen individuellen Präferenzen über Gesellschaft und Staat. Die Selbstbestimmung des Einzelnen hat Vorrang gegenüber der Gesellschaft. Die individuellen Präferenzen bewegen sich immer in einem ökonomischen Rahmen. So strebt der neoliberale Mensch nach dem maximalen, individuellen Nutzen. (Willke, 2003, S. 91f) Die Theorie besagt, dass die Bedeutung der Gesellschaft durch das individualistische Bild nicht gestört werden soll. Im optimalen Fall tragen die individuellen Handlungen zum Gemeinwohl aller bei. Dies begründet sich aus dem Tauschakt heraus, der eine soziale Interaktion darstellt. Kritisiert wird hierbei häufig, dass Menschen im ökonomischen Kontext als sozial-ethisch normlos dargestellt werden. (vgl. Willke, 2003, S. 94f)

Ein weiteres Phänomen des neoliberalen Menschenbilds ist das Rationalverhalten. Im ökonomischen Kontext handelt ein Mensch ,rational'. Das heißt, der rationale Mensch macht eine Kosten-Nutzen-Abwägung. Er wählt diejenigen Mittel, welche die geringsten Kosten verursachen und/oder den höchsten Nutzen bringen. Um sich die Entscheidung zu erleichtern, orientiert sich der rational handelnde Mensch an Präferenzcodes. (Willke, 2003, S. 96f) Sogenannte Präferenzcodes können beispielsweise lauten: *„lieber mehr von einem Gut als weniger davon (bei gleichen Ausgaben)"* oder *„lieber geringere Kosten als höhere (bei gleichem Nutzen)"*. (Willke, 2003, S. 97) Fallen die Entscheidungen gegen diese Codes, ist das Handeln nicht ökonomisch motiviert. Die Entscheidung wird dann durch ein anderes Motiv hervorgerufen, dieses kann z.B.: religiöse oder staatsbürgerliche Hintergründe haben. Grundsätzlich handelt der homo oeconomicus immer zugunsten individueller Interessen.

Spricht man von wirtschaftlich rationalem Handeln, geht es um ein Tauschverhältnis unter Knappheitsbedingungen. Es handelt sich hierbei um eine Theorie unter bestimmten Annahmen, innerhalb derer der rational handelnde Mensch Alternativen abwägt und die günstigste Entscheidung trifft. Die Voraussetzung dafür ist, dass der homo oeconomicus alle Präferenzen für ökonomische Güter kennt und sich konsistent an die Kosten-Nutzen-Abwägung hält. (Willke, 2003, S. 98f)

Überdies wurden Annahmen über *„vollkommene Information, perfekte Kenntnis aller Alternativen, grenzenlose Informationsverarbeitungskapazität, komplette Voraussicht, rationale Erwartungen und vieles mehr"* getroffen. (Willke, 2003, S. 99) Das neoliberale Modell beruht auf so vielen Annahmen, dass es nur mehr in ganz spezifischen Ausnahmefällen zur Anwendung kommen kann. Aus diesem Grund berufen sich die Neoliberalen nun eher auf eine begrenzte Rationalität, da beispielsweise eine vollkommene Information selten vorhanden ist.

Grundsätzlich gilt auch beim Rationalitätsverhalten die Aussage, dass das Modell nicht zwingend der Realität entspricht. Es soll lediglich dabei helfen, *„die Wirklichkeit mit dem Referenzsystem (zu, RH) vergleichen um den Teil der Wirklichkeit erklären zu können, der den Annahmen entspricht."* (Willke, 2003, S. 102)[8]

5.1.4 Kritikpunkte des Neoliberalismus

Grundsätzlich werden fünf dominante Kritikpunkte des neoliberalen Systems häufig angeführt. Die Argumentation und Rechtfertigung der Kritik soll hauptsächlich im nächsten Kapitel dieser Arbeit erfolgen. Dort soll vor allem die Kritik anhand von praktischen Beispielen im Bildungsbereich veranschaulicht werden.

---

[8] An dieser Stelle wird auf eine kritische Diskussion über Theorie und Anwendung der Theorie in der Praxis verzichtet.

Als Hauptargumentationspunkte der Neoliberalismuskritik werden vor allem die folgenden genannt: (vgl. Willke, 2003, S. 147)

- die Überbetonung des Marktes: der wirtschaftliche Gedanke findet nicht nur in ökonomischen Sphären Anwendung, sondern verbreitet sich gesamtgesellschaftlich. Somit nehmen ökonomische Gedanken überhand und prägen alle anderen, gesellschaftlichen Teilsysteme. Diese Tendenz ist international zu erkennen. (ökonomischer Imperialismus)

- Der Konkurrenzgedanke prägt die Handlungsregeln zwischen Mensch und Gesellschaft.

- Das Marktsystem verleitet bzw. befähigt Menschen dazu, egoistisch zu handeln, um den bestmöglichen Nutzen zu erreichen.

- Das neoliberale Konzept der Deregulierung und Liberalisierung kurbelt das System und dessen Ausweitung an.

- Die Globalisierung sorgt dafür, dass auch wirtschaftlich bzw. gesamtgesellschaftlich machtlose Länder sich dem Marktsystem unterwerfen müssen.

Im Zentrum dieser Arbeit stehen vor allem die durch den Neoliberalismus hervorgerufene Globalisierung und deren Einfluss auf die Bildung.

Laitko nennt fünf Ebenen, die im Zusammenhang von Bildung und Globalisierung in der Gegenwart zu erkennen sind (2005, S. 4f):

Erstens: die Umwandlung von Wissen und Bildung in Waren, die nach dem Mechanismus des Marktes funktionieren. Weiters: die Einverleibung der informations- und kommunikationstechnischen Einrichtungen der Globalisierung (Medien, Internet, Foren,...) und deren weltweiten Austausch; sowie das weltweite Fortschreiten der englischen Sprache. Die vierte Ebene umfasst die Überwachung der Bildungssysteme. Dies geschieht durch internationale Vergleiche sowie die Ausrichtung an akzeptierten Vorbildern.

Letztlich wird als fünfte Ebene die länderübergreifende Anpassung und Normierung der Bildungssysteme genannt. Darunter fällt auch die globale Austauschbarkeit von Abschlüssen. Diese Entwicklungen sind interdependent. Zusätzlich ist es nicht ausgeschlossen, dass noch weitere Effekte der Globalisierung im Bildungssystem eintreten.

Ein weiterer sehr wichtiger Kritikpunkt am neoliberalen Leitbild ist jener des Menschenbildes. Wie zuvor ausführlich beschrieben, definiert sich der neoliberale Menschen durch eigeninteressiertes und rationales Handeln, das seinen eigenen Nutzen maximiert, vollständige Informationen besitzt und sich an feststehenden Präferenzen orientiert.

Das neoliberale Menschenbild stimmt nicht mit jenem Menschenbild überein, das beispielsweise im Österreichischen Bundesverfassungsgesetz verankert ist und durch Bildung und Erziehung vermittelt werden soll. Somit ist hier ein entscheidender Gegensatz zwischen wirtschaftlichen und politisch-gesellschaftlichen Annahmen zum Menschenbild zu erkennen.

So besagt Artikel 14 (5a), A Allgemeine Bestimmungen des B-VG: *„Demokratie, Humanität, Solidarität, Friede und Gerechtigkeit sowie Offenheit und Toleranz gegenüber den Menschen sind Grundwerte der Schule, auf deren Grundlage sie der gesamten Bevölkerung, unabhängig von Herkunft, sozialer Lage und finanziellem Hintergrund, unter steter Sicherung und Weiterentwicklung bestmöglicher Qualität ein höchstmögliches Bildungsniveau sichert. Im partnerschaftlichen Zusammenwirken von Schülern, Eltern und Lehrern ist Kindern und Jugendlichen die bestmögliche geistige, seelische und körperliche Entwicklung zu ermöglichen, damit sie zu gesunden, selbstbewussten, glücklichen, leistungsorientierten, pflichttreuen, musischen und kreativen Menschen werden, die befähigt sind, an den sozialen, religiösen und moralischen Werten orientiert Verantwortung für sich selbst, Mitmenschen, Umwelt und nachfolgende Generationen zu übernehmen. Jeder Jugendliche soll seiner Entwicklung und seinem Bildungsweg entsprechend zu selbständigem Urteil und sozialem Verständnis geführt werden, dem politischen, religiösen* *und weltanschaulichen Denken anderer aufgeschlossen sein sowie befähigt werden, am Kultur- und Wirtschaftsleben Österreichs, Europas und der Welt teilzunehmen und in Freiheits- und Friedensliebe an den gemeinsamen Aufgaben der Menschheit mitzuwirken."* (Rechtsinformationssystem der Bundesregierung, 2012)

Dieser Bestimmung zufolge dient Schulbildung der Personwerdung des Einzelnen im Blickfeld des Gemeinwohls, wobei besonders die Werte Demokratie, Solidarität, Gerechtigkeit, Humanität usw. hervorgehoben werden. Diese Definition folgt keiner rein wirtschaftlichen Komponente, die Bildung auf ausschließlich marktrelevante Werte reduziert. Verfassungsrechtliche Schulbildung zielt auf Wert- und Sinnfragen des gesamt-gesellschaftlichen Lebens ab. Natürlich spielt auch die Vorbereitung auf das Berufsleben eine Rolle, aber sie übernimmt nicht die Hauptrolle der Bildung. (Krautz, 2012, S. 52f)

In diesem Zusammenhang wird weiter kritisiert, dass die angestrebte Selbstbestimmung und Mündigkeit durch Bildung in einem neoliberalen System nicht gewährleistet werden kann, da die Bildungsinstitutionen die Voraussetzungen dafür nicht erfüllen können. Alleine die Curriculumsvorgaben schränken dieses Ziel ein. Dies führt soweit, dass jene auf Mündigkeit und Autonomie der Individuen gerichtete Bildungsinstitution nicht die angestrebte Gerechtigkeit, Gleichheit und Reziprozität der sozialen Beziehungen hervorruft. Vielmehr werden dadurch die Strukturen der Konkurrenz und der individuellen Zurechenbarkeit der Leistungen reproduziert. Es wird geschlussfolgert, dass dadurch die Strukturen des Marktes, der Konkurrenz und des Tausches bestätigt werden. (Preuß, 1975, S. 74f)

So kann abgeleitet werden, dass die vorgegebenen, gesetzlichen Bestimmungen eines Menschenbildes entsprechend der Bundesverfassung nur zum Teil ausgeführt werden können, da strukturelle Beschränkungen vorhanden sind, die den Individualismus unterstützen.

Auf diese eben genannten Punkte wird im sechsten Kapitel wieder zurückgegriffen. Zuvor wird das neoliberale Konzept noch mit dem Wert des Humankapitals in Verbindung gebracht. Dies soll auch die deutliche Verbindung der Sphären der Ökonomie und der Bildung veranschaulichen. Die Tendenz, dass nicht nur Bildung, sondern auch der Mensch an sich zur Ware gemacht wird und dabei die ökonomische Theorie auf bedeutende soziale und gesellschaftliche Bereiche eingreift und beeinflusst, wird im Folgenden hervorgehoben und kritisch durchleuchtet.

5.2 Humankapital und ökonomischer Imperialismus

Wie im vierten Kapitel bereits erläutert, beschreibt die Humankapitaltheorie das Kernkonzept der Bildungsökonomie. Sie stellt einen tragenden Gegenstand bildungsökonomischer Forschungen dar und hat folglich bedeutenden Einfluss auf bildungspolitische Maßnahmen.

Die Bildungsökonomie sowie auch die Humankapitaltheorie funktionieren nach dem neoliberalen Konzept. Die ökonomische Sicht- und Denkweise dringt aufgrund der Annahme des neoliberalen Menschenbildes und des Marktmechanismus nicht nur in den Bildungsbereich ein, sondern auch in andere soziale und gesellschaftliche Bereiche (Gesundheitswesen, Wasserversorgung, Telekommunikation, Müllentsorgung,...). Dies kann damit erklärt werden, dass sich der Forschungsgegenstand der Wirtschaftswissenschaften verändert hat. Das menschliche Verhalten ist als Forschungsgegenstand zum wirtschaftlichen Verhalten mutiert - und nicht umgekehrt das wirtschaftliche Handeln als Teilbereich allgemeinen menschlichen Verhaltens. (vgl. Graupe, 2012, S.37)

Die Bildung, sowie auch andere nichtökonomische Disziplinen, werden ökonomischen Grundlagen unterworfen und vertreten (gezwungenermaßen) die ökonomische Sicht- und Denkweise. Das rational handelnde Individuum steht dabei im Mittelpunkt. Der Mensch mit seinen Fähigkeiten wird zum Wirtschaftsgut, also zu Humankapital. Bildung und Humankapital haben eine der wichtigsten Funktionen im wirtschaftlichen Kontext. Durch die Verinnerlichung der neoliberalen Denkweise wird zum Teil gar nicht mehr darüber nachgedacht, ob dies auch der Realität entspricht, sondern es wird ganz einfach als ‚wahr' empfunden. Kritisches Denken wird dabei verlernt und Alternativen zu den Vorgaben gibt es schlichtweg kaum mehr, weil die neoliberale Denkweise als die einzige (richtige) erscheint. Der Blick wird dabei niemals auf den Gegenstand selbst gelenkt, sondern als Gegenstand dieses Prozesses dargestellt. Diese strategische Absicht führt dazu, dass im bildungspolitischen Alltag dieses Verhalten selbstverständlich geworden ist und somit nicht mehr hinterfragt wird. Die ökonomischen Aussagen werden einfach als Tatsache angenommen. Alternativen gibt es keine; ein bestimmter Denkstil wird gelehrt, der nicht hinterfragt wird, sondern als richtig hingenommen wird. Auch der Humankapitalbegriff entstammt diesem Denkstil. So kann behauptet werden, dass der Begriff sogar einen Zwang für Individuen darstellt, denn es ‚kann' gar nicht anders gedacht werden. Das heißt, der marktradikale Gedanke wird auf alle Lebensbereiche übertragen, also universalisiert. Das Kosten-Nutzen-Kalkül steht dabei im Mittelpunkt. Dieses Phänomen wird als ökonomischer Imperialismus bezeichnet. (Graupe, 2012, S. 36)

Der ökonomische Imperialismus sowie die Bedeutung der Bildung als ökonomischer Faktor entstammen einer bestimmten Schule der Wissenschaft, der Chicago School of Economics, geprägt durch die Nobelpreisträger Gary S. Becker und Theodore W. Schultz. (vgl. Graupe, 2012, S. 35) Wie oben schon erwähnt, trägt jene Schule mit ihren Vertretern maßgeblich zur Durchsetzung und Verbreitung der neoliberalen Denkweise bei.

Der ökonomische Imperialismus beruht auf drei zugrundeliegenden Annahmen.

Als erste Annahme gilt die positive Abstraktion. Das heißt, die Theorie filtert aus verschiedenen Situationen das Allgemeine, für sie bedeutsam Erscheinende heraus. Das heißt, sie verallgemeinert.

Unter diese positive Abstraktion zählt vor allem die Kosten-Nutzen-Funktion, aber auch die Reduzierung des Marktmechanismus als einzige Koordinationsform menschlichen und gesellschaftlichen Zusammenlebens. Eine weitere Verallgemeinerung ist die Annahme, dass die Präferenzen von Menschen stabil und unveränderlich sind. (Graupe, 2012, S. 40f)

Diese Interpretation führt dazu, dass Bildung als ein knappes Gut eingestuft wird. Bildung verfügt über einen Preismechanismus, der die gegebenen Präferenzen der Marktteilnehmer zu befriedigen hat. Somit ist klar, dass nur das als Bildung anerkannt werden kann, was Kosten und Ertrag verursacht. Die individuellen Fähigkeiten, die gleichzeitig als Produktionsfaktoren gelten, bekommen somit einen Kapitalstatus. Aufgrund dessen kann geschlussfolgert werden, dass der Mensch an sich als Kapital gehandelt wird und dadurch zu einem marktfähigen Gut gemacht wird. Die Reduktion des Menschen auf ein marktfähiges Gut verleiht folglich Eigentumsrechte, die erworben werden können. Dies ist der Grund, warum Bildung nur mehr als Zahlenwert abgebildet werden kann. (Graupe, 2012; S. 41ff)

Zweitens wird mit jeder positiven Abstraktion auch etwas Negatives im Hintergrund gehalten und verborgen, also negativ abstrahiert. Dies wird beispielsweise in der Reduzierung von Menschen und Bildung auf messbare, mit Preisen bewertbare Güter, gut erklärbar. Das heißt, jene Werte, die nicht messbar sind, geraten einfach in den Hintergrund und bleiben verborgen. Bezogen auf Bildung bedeutet das, dass jene Bildung, die keinen Preis kennt, wie familiäre und gemeinschaftliche Konventionen und Traditionen, nicht beachtet wird. Daraus folgt, dass der interpersonale Kontext, also beispielsweise die Beziehung zwischen LehrerIn und SchülerIn, aus dem Bildung bzw. Erziehung entsteht, außer Acht gelassen wird. Deshalb stellt sich die Frage, wie die Theorie die Entstehung von Neuem, also Innovation, beschreibt? Wenn die ökonomischen Erklärungsansätze auf gegebenen Ressourcen basieren, die nach Kosten und Ertrag selektiert werden, kann daraus nichts Neues generiert werden. Wie kann nun Kreativität und etwas Neues entstehen? Es entsteht wohl außerhalb des Ökonomischen, somit braucht sich die Wirtschaftswissenschaft damit nicht zu beschäftigen. Doch ist es nicht das Ziel des ökonomischen Systems, auch in Bereichen außerhalb des Ökonomischen seine Theorie und Strategie zu implementieren? Somit bleibt die Frage an die Ökonomie, woher das Neue komme, nach wie vor offen und hinterlässt vor allem im Bildungsbereich viele offene Fragen mit schwerwiegenden Konsequenzen. (Graupe, 2012, S. 43f)

Dies führt zum dritten wesentlichen Punkt des ökonomischen Imperialismus, der von Milton Friedman vertreten wird. Jener besagt, dass eine ökonomische Theorie vollkommen unrealistisch und lebensfremd sein darf; lediglich der Zweck und das Ziel müssen erfüllt werden. (vgl. Graupe, 2012; S. 49) Somit ist nicht die Realitätsnähe der Theorie relevant, sondern der Nutzen, der dahinter steckt. In der wirtschaftlichen Theorie stellt sich nie die Frage wie der Mensch oder die Natur tatsächlich sind, sondern beide werden auf eine bestimmte Art und Weise modelliert. Dies ist notwendig, um messbare Werte zu erhalten, um folglich vergleichbare Statistiken erstellen zu können. Das Ziel der Ökonomie *„war und ist keineswegs allein die reine, desinteressierte Beschreibung der sozialen Welt, sondern immer auch Erklärung zwecks Gestaltung."* (Graupe, 2012; S. 49)

Die Tatsache, dass menschliches Verhalten immer mehr zum Gegenstand wirtschaftlichen Verhaltens wird, bringt viele Probleme mit sich. Jene eben genannten Annahmen werden auf alle sozialen Lebensbereiche übertragen, so auch auf das Bildungswesen. Diese Überwälzung führt dazu, dass der Wahrnehmungsfokus von vornherein eingeschränkt ist. Es wird gar nicht über die eigentliche Funktion und Möglichkeit von Bildung nachgedacht, Annahmen werden einfach als gegeben und real eingestuft, da ohnehin festgelegt wurde, dass es keine Alternative gibt bzw. dass keine andere Form der gesellschaftlichen Koordination gebilligt wird.

Zur Verbreitung des ökonomischen Imperialismus tragen die verschiedenen Vertreter des neoliberalen Konzepts bei. Jene gehören alle einem Netzwerk an, das sich aus verschiedenen Think Tanks zusammensetzt. Welche Rolle die Think Tanks einnehmen, wird im Folgenden verdeutlicht.

5.3 Think Tanks im Neoliberalismus

Wie zu Beginn des fünften Kapitels kurz erwähnt wurde, nehmen Think Tanks eine zentrale Stellung im Neoliberalismus ein. Der Begriff Think Tank an sich entstammt der Zeit während des Zweiten Weltkriegs und bezeichnet einen abhörsicheren Ort (tank), an dem militärische Pläne und Strategien geschmiedet wurden. In den 1960er- und 1970er Jahren entwickelte sich der Begriff weg von der Sicherheitspolitik und bezeichnet praxisorientierte Forschungsinstitutionen, die nicht gewinnorientiert arbeiten und sich als regierungs-unabhängig bezeichnen. Jene Forschungsinstitutionen sind privat oder öffentlich finanziert und stehen der Politik beratend und mit wissenschaftlich fundierten Lösungsvorschlägen zur Seite. (Thunert, 2003, S. 30f)

Gegenwärtig werden zwei Typen von Think Tanks unterschieden, die akademischen Think Tanks und die advokatischen Think Tanks. Akademische Think Tanks sehen ihre Aufgabe hauptsächlich in einer wissenschaftlich- fundierten Analyse für bestimmte Themen. Advokatische Think Tanks hingegen werden meist von kleineren Instituten repräsentiert und sehen ihre Rolle *„in der politischen Anwaltschaft für bestimmte Themen, sachpolitische Lösungsansätze oder für die von ihnen vertretenen wissenschaftlich-weltanschaulichen Paradigmen (soziale Marktwirtschaft, Nachhaltigkeit usw.)"*. (Thunert, 2003, S. 31) Des Weiteren unterscheiden sich advokatische und akademische Think Tanks meist dadurch, dass sie thematische Spezialisierungen vornehmen und keine Grundlagenforschung betreiben. Es lässt sich jedoch feststellen, dass beide Arten von Think Tanks Kommunikation und Vermarktung von Themen, Produkten und ForscherInnen als sehr wichtig erachten. (Thunert, 2003, S. 31f)

Der geschichtliche Anfang der Etablierung eines Think Tanks reicht bis vor den Zweiten Weltkrieg, in die 1920er Jahre, zurück. 1938 versammelten sich Marktradikale, darunter August Friedrich von Hayek, Ludwig von Mises, Wilhelm Röpke, Louis Rougier und Alexander Rüstow. Dieses Treffen, benannt als „Colloque Walter Lippmann", gilt als die Sternstunde des Neoliberalismus. Während des Zweiten Weltkrieges wurde das Projekt stillgelegt. Im Jahr 1947 kommt es zu einem erneuten Treffen und der daraus entstehenden Gründung des bisweilen größten Think Tanks, der „Mont Pèlerin Society", kurz MPS. Die führende Kraft dieses Treffens übernimmt Hayek, insgesamt nahmen 39 Personen, darunter viele Ökonomen und Philosophen, die später Berühmtheit erlangten, teil. Nach Hayeks Auffassung spielen Intellektuelle eine wesentliche Bedeutung bei der Umsetzung der neoliberalen Ideologie. Inhalt dieses Think Tanks verkörperten die „Statement of Aims", mit den Zielen einer freien Gesellschaft und eines freien Marktes, sowie das Wettbewerbsprinzip und die Neubestimmung der Funktion des Staates. (vgl. Hartung, 2010,S 90f)

Den richtigen Durchbruch erlebten die neoliberale Bewegung sowie die Mont Pèlerin Society in den 1979er Jahren, als das keynesianische System abdanken musste und die wirtschaftlichen und politischen Eliten ihre Denkweise änderten. Eine Besonderheit der MPS bzw. der Think Tanks ist ihre Vernetztheit. Aus der MPS resultierten später zahlreiche, zusätzliche Think Tanks sowie Stiftungen, die wiederum untereinander verflochten sind. Diese Netzwerke unterschieden sich oft in ihren theoretischen Vorhaben, dennoch verfolgen sie alle dasselbe Grundziel des Marktradikalismus. (Ötsch, 2009, S. 60 f)

Die Mitglieder dieser vernetzten Think Tanks sind meist Intellektuelle und PolitikerInnen, denn jene haben die Fähigkeit, eine Weltanschauung an die Mehrheit der Bevölkerung, die als manipulierbare Masse gilt, zu beeinflussen. Es wird erkannt, dass die Überzeugung und der Erhalt der öffentlichen Meinung in einer Demokratie, das wichtigste Medium darstellen, um Macht zu erlangen. Somit nehmen neoliberale AkteurInnen nicht nur eine politik-beratende   Funktion ein, sondern auch eine manipulative. (Lösch, 2007, S. 274)

Das Medium der Sprache und Kommunikation besitzt für neoliberale Aktivisten eine beeindruckende Machtstellung, denn sie eröffnet die Möglichkeit, das Denken von Individuen zu beeinflussen. Die weltweit gegründeten und vernetzten Think Tanks betreiben eine Informations- und Wissenspolitik, die dazu dient, die neoliberale Weltanschauung zu verbreiten. Ihre Programme unterscheiden sich oft stark voneinander, dies ist auch der Grund, warum die Manipulation nicht offensichtlich geschieht. (Lösch, 2007, S. 274ff)

Auf die gewählten Strategien und Methoden der Neoliberalen wird im Nachstehenden noch näher eingegangen. Ebenso wird später folgend noch auf die großen Unternehmungsstiftungen, deren Funktion im Diskurs zwischen Wirtschaft und Politik, sowie deren Einfluss und Macht auf die Bevölkerung eingegangen.

6 Ökonomische Denkweisen im Bildungswesen: Strategien und Strategen

Dass die Ökonomie grundlegenden Einfluss auf andere wissenschaftliche und gesellschaftliche Bereiche hat, wie eben jenen der Bildung, wurde hinreichend beschrieben. Auch wurde veranschaulicht, dass dieser ökonomische Einfluss den humanistischen Kern der Bildung im Wesentlichen verfehlt, nämlich die Selbstbildung des Menschen. So wendet sich nun dieses Kapitel dem Thema der Strategien im Bildungswesen zu; wie diese ökonomischen Prinzipien nun in der Praxis durchgesetzt, angewendet, und vorangetrieben werden. Anschließend ist es von Interesse, wer diese ökonomischen Denkweisen lenkt und durchsetzt. Dieser Abschnitt soll nun, in Zusammenhang mit vorangegangen Kapiteln, Auf-schluss über die eingangs gestellte Forschungsfrage geben.

6.1 Ökonomischer Imperialismus im Bildungswesen: Strategien

Es ist nicht zu verkennen, dass im Bildungswesen fundamentale strukturelle Veränderungen vor sich gehen. Diese Veränderungen sind gekennzeichnet durch rasche politisch-ökonomische Entwicklungen. Die rapide Umgestaltung ist auch in den Bewegungen des Kapitals auf nationaler, aber vor allem auf internationaler Ebene zu erkennen. Unternehmen gehen in Konkurs, werden von anderen aufgefangen, gekauft, bzw. schließen sich zusammen. Dies scheint (von außen) alles aus rein ökonomischen Gründen zu geschehen, es stecken dahinter aber oft hoch politische Prozesse, die gleichzeitig Schritte in Richtung „ökonomisch-politischer Diktate" darstellen. Bennhold symbolisiert diesen Prozess in Form einer wachsenden Stufenleiter: *„…jede dieser Stufen verschärft den Widerspruch zwischen demokratischer Einflussnahme und sozialer Kontrolle von unten auf der einen und der tatsächlichen ökonomisch-gesellschaftlichen Macht auf der anderen Seite."* (2002, S. 280)

Die Folge dieser Entwicklungen ist eine Zurückdrängung demokratischer Strukturen, welche soziale und politische Kontroll- und Widerstandspotenziale beinhalten. Dieses Zurück-drängen kann beispielsweise durch Legitimationsfunktionen stattfinden oder, wie schon erwähnt, durch diverse Arten von ökonomisch-politischen Diktaten, wie beispielsweise einen erzwungenen Rücktritt von MinisterInnen, das Missachten von Gesetzten oder das Bestimmen von Regierungsprogrammen. Das Resultat dieser Prozesse ist die Entwicklung einer kleinen Minderheit - kann auch als Elite bezeichnet werden -, die erstaunlich viel wirtschaftspolitische Macht besitzt. Deren Handlungsmacht, die diese Entwicklungen vorantreibt und kaum eingeschränkt erscheint, orientiert sich an ökonomischen Interessen. Lediglich Mindeststandards, die durch nationalstaatliche Gesetze und Maßnahmen geregelt sind bzw. soziale und demokratische Bewegungen, können deren Macht bzw. Ausübung und Durchsetzung in geringer Weise beeinflussen. Diese ökonomische Macht wird vor allem durch „...*politisch-ökonomischen Druck auf staatliche Willensbildungsprozesse mittels kapitalistischer Gründungen, Stiftungen und anderer ökonomischer Maßnahmen oder aber über scharfe Sanktionen wie Entlassungen, Kreditentzug usw."* ausgeübt. (Bennhold, 2002, S. 282)

Wer nun die Akteure dieses wirtschaftspolitischen Modells sind, wird im nächsten Kapitel „Die Strategen im Bildungswesen" genauer beschrieben. Zuvor wird noch exakter auf die Durchsetzung des ökonomischen Imperialismus eingegangen.

Aufgrund dieser oben dargestellten Situation wird klar, dass der ökonomische Imperialismus folgende Punkte benötigt, um seine Interessen durchzusetzen: erstens ist es notwendig, erforderliche Maßnahmen (meist positiv notiert, zur Leistungsverbesserung) kontinuierlich und intensiv zu propagieren; zweitens ist es erforderlich, die Sprache als Kommunikations- und Erkenntnismedium so einzusetzen, dass die wahre Intention nicht erkannt bzw. verschleiert wird. Drittens sollen durch das Instrument der Sprache Ideologien geschaffen werden, welche die gesellschaftlich herrschenden Gesetze der Ökonomie als Naturgesetze erscheinen lassen. Konstruktionen der Wirklichkeit sollen dazu dienen, einen gesellschaftlichen Zusammenhalt herzustellen und gleichzeitig einen verständlichen Konsens bilden. (Bennhold, 2002, S. 282f)

Techniken der Beeinflussung spielen die strategische Hauptrolle. Inwieweit die Anwendung von Propagandatheorien nun wirklich wissenschaftlich bewiesen ist, wird hier nicht weiter untersucht bzw. analysiert. Dass diese Techniken eine bedeutende Rolle spielen, wird jedoch zu Recht angenommen und deren Relevanz wird vor allem im letzten Kapitel anhand praktischer Beispiele verdeutlicht.

Die beiden bekannten Vertreter des Neoliberalismus, Lippmann und Hayek sprechen in ihrer Theorie der Propaganda von einer technokratischen Elite, die den „öffentlichen Willen" durch Propaganda[9] steuert und manipuliert. Die Elite ist dem Markt und der Gesellschaft sowie dem Staat übergeordnet. Der Markt steuert sich selbst und steht für Freiheit und Selbstbestimmung. Der ihm gegenüberstehende Staat verkörpert Macht und Zwang und bedroht folglich die individuelle Freiheit des Marktes. Die Folge daraus ist, dass sich der Staat dem Markt unterwerfen muss. (vgl. Ötsch, 2009, S. 80f)

Hayek betont in seinem Konzept der Propaganda, dass die entscheidende Aufgabe der „Erziehung" der öffentlichen Meinung auf Basis eines elitären Diskurses von oben geschehen muss. Jener Diskurs zielt vor allem auf die ideologische Eroberung, sowie Vereinnahmung der Intellektuellen bzw. der neoliberalen Elite. Die Elite bezeichnet Hayek als „original thinkers", zu denen er sich selbst auch zählt. Die „original thinkers" erstellen das Konzept und die abzuleitenden Stichworte und geben jene weiter an die „second

---

[9] Propaganda ist eine *„systematische Verbreitung politischer, weltanschulicher o. ä. Ideen und Meinungen mit dem Ziel, das allgemeine Bewusstsein in bestimmter Weise zu beeinflussen"* (Bibliographisches Institut GmbH Dudenverlag, 2013)

hand dealers of ideas". Zu der Gruppe der „Zwischenhändler von Ideen" zählen LehrerInnen, JournalistInnen, KünstlerInnen und SchauspielerInnen. Jene Gruppe soll die neoliberale Idee beim Volk verbreiten und dadurch bestimmen, was das Volk denkt. Diese Meinungs-beeinflussung geschieht klarerweise nicht in offensichlicher Form, sondern anhand einer ‚objektiven' Informationsvermittlung. (vgl. Ptak, 2007, S. 77)

In Lippmanns Konzept der Propaganda ist vor allem die Überlegung von Bedeutung, dass mental konstruierte Bilder und Wahrnehmungen, die innerlich entstehen, den Menschen prägen. Des Weiteren ist er auch der Meinung, dass Menschen leicht manipulierbar sind und deren Meinung steuerbar ist. Dabei spielt die Sprache und Kommunikation eine entscheidende Rolle. Grundsätzlich geht er davon aus, dass jede Gesellschaft eine autoritäre Veranstaltung ist. So benötigt auch die Demokratie ein zentrales Triebwerk zur Beeinflussung. (vgl. Ötsch, 2009, S. 38ff)

Propaganda zielt auf die Veränderung von unbewussten, inneren Bildern. Dadurch soll Zustimmung hergestellt werden. Als wirkungsvollstes Instrument der Propaganda werden Stereotype eingesetzt. Jene wirken unbewusst und sind auch durch direkte Erfahrung nicht leicht veränderbar. Stereotype gründen auf willkürlicher Erfindung, folglich spielen empirische Fakten für die Propaganda wenig Rolle. Um die wirtschaftspolitische Theorie und Denkweise jedoch durchzusetzen, bedienen sich die AkteurInnen an der „Wissenschaft". Empirische Erkenntnisse werden als Vorwand benutzt um Propaganda wirkungsvoller durchzusetzen. (Ötsch, 2009, S. 40)

Nach Lippmann haben Stereotype einen Höhepunkt erreicht, als sie eine zweigeteilte Welt aufbauten. Dem absolut Guten steht das absolut Böse gegenüber. *„Auf diese Weise kann man ein Reich der absoluten Willkür errichten und erfinden, was immer man wolle. Jede „Realität" wird plastisch und verliert ihren festen Boden."* (1922, zit.n. Ötsch, 2009, S. 38ff) Somit kann von einer erfundenen Wirklichkeit gesprochen werden, die unsichtbar gesteuert wird. Inwieweit wir uns tatsächlich in einer erfundenen Wirklichkeit befinden, kann jede/r selbst beurteilen. Zu einem gewissen Grad kann Propaganda mit Sicherheit in der Gegenwart vorgefunden werden, wie folgendes Beispiel demonstriert.

Die PISA - Vergleichstests veranschaulichen deutlich, wie die zeitgenössische Propaganda funktioniert bzw. Anwendung findet. Anhand des PISA-Tests wird versucht, Kommunikationsereignisse zu schaffen. Es wurden bestimmte Ergebnisse und Probleme publiziert, mit dem Ziel und Zweck, die Meinung der Öffentlichkeit zu beeinflussen. Die Medien reagieren auf diese Neuigkeiten und dramatisieren die Ergebnisse zusätzlich. Die Wissenschaft belegt die Ergebnisse mit empirischen Daten, wobei die empirischen Daten auf einer ‚eigenen' (konstruierten) Wirklichkeit basieren, d.h. PISA testet auf Basis eines eigens erstellten Konzepts, indem sie Bildung(-sprozessen) eine neue Bedeutung zuschreibt. Ziele und Aufgaben von Schule und Universitäten werden abgeändert. Die Inhalte werden ökonomischen Prinzipien unterworfen, dies vereinfacht bzw. ermöglicht die Auswertung der Tests. Durch Propaganda wird dieser Wandel systematisch an die (erfundene) Wirklichkeit angepasst. Propaganda geschieht dabei so unbewusst und über eine große Bevölkerungs-masse hinweg, dass über die Bedingungen und Begründungen nicht weiter nachgedacht wird, sie erscheinen schlicht plausibel. (Krautz, 2011, S. 62f) Auf die PISA-Studie wird im Kapitel 6.2.2 noch näher eingegangen.

Auch Münch (2009) beschreibt dieses Phänomen und erklärt, dass jede Reform mit einem Versprechen der Leistungsverbesserung, sowie mit der Beseitigung von Funktionsdefiziten begründet wird. Harte empirische Beweise gibt es dafür aber nicht, lediglich eine ExpertInnendiagnose, welche dramatische Ergebnisse verlautbart, bildet die Grundlage. Dies reicht den MachthaberInnen, um legitime Argumente zu liefern. *„Maßstab dieser Diagnose ist das Bild, das man sich aus der neuen Weltsicht von einer gesunden Organisation bzw. Gesellschaft macht. Dabei wird übergangen, dass sich die Situation aus* *der alten Weltsicht ganz anders darstellt.* " (Münch, 2009, S. 21) Die neue Sicht liefert lediglich eine Lösung, nämlich jene, sich an das neue Ideal anzupassen, egal welcher Aufwand und welche Kosten damit verbunden sind; Nachteile müssen in Kauf genommen werden. (Münch, 2009, S. 21)

Propaganda wird zur Erziehung der Massen eingesetzt. Wichtig für die Umsetzung ist, die Ausschaltung der kritischen Denkfähigkeit der Individuen. An dieser Stelle ist die Wichtigkeit der ‚eigentlichen' (Bestimmung von) Bildung zu erkennen. Denn nur ‚gebildete' Menschen werden zum kritischen Denken angeregt, und wer kritisch denkt, kann weniger beeinflusst werden. Das Erlangen von Bildung im ursprünglichen Sinn gewährleistet auch Selbstbestimmung und Demokratie. So sollte es in demokratischen Staaten eine Selbstverständlichkeit sein, jene Bildung zu erhalten, die letzten Endes zur Selbstbestimmung führt. (Krautz, 2011, S. 63) Mittels eingesetzter Propagandamacht kann Bildung und Erziehung so beeinflusst werden, dass sie den Kern - die ‚klassische' Bildungstradition - verändert. Bildung wird innerlich und äußerlich in der Konzeption und in der Evaluation ökonomischen Grundsätzen unterworfen.

Zusammenfassend können folgende Propagandatechniken genannt werden (Krautz, 2011, S. 58):

„ - Schaffen von Kommunikationsereignissen,
- Behauptungen mit geringer oder ohne Faktengrundlage,
- Induzierung[10] von Diskursen,
- Bildung von Stereotypen,
- permanente Wiederholung,
- Gut-Böse-Schema, Schwarz-Weiß-Denken,
- Dramatisierung, Affektaufladung, Emotionalisierung,
- Kommunikation in Bildern oder mit bildhaften Worten. "

---

[10] Induzieren bedeutet: *„vom besonderen Einzelfall auf das Allgemeine, Gesetzmäßige schließen"* (Bibliographisches Institut GmbH, 2013)

Wie im anschließenden Kapitel der Strategen zu erkennen sein wird, treten diese Propagandatechniken immer wieder auf. Menschen sind sich der Macht der Propagandatechniken meist nicht bewusst, aus diesem Grund haben sie auch enorme Macht und Wirkung. Es soll im Zuge dieser Arbeit nicht der Anschein entstehen, dass die Durchsetzung dieser Propagandatechniken immer ihre volle Wirkung zeigen und die gesamte Welt manipuliert wird. Es muss aber veranschaulicht werden, welchen großen Einfluss solche schleichenden Mittel haben können und realitätsgestaltend bereits haben. Es soll auch vermittelt werden, dass nicht nur ökonomische Bereiche davon betroffen sind, sondern auch andere Lebensbereiche und Disziplinen, wie Bildung, soziale Versorgung und Gesundheit.

Letztendlich ist klar, dass die neoliberale Theorie die pädagogische Realität und den Sinn sowie die Bedeutung der eigentlichen Bildung grundlegend verfehlt. Aus diesem Grund überrascht es umso mehr, dass die ökonomischen Prinzipien und die neoliberale Denkweise so tief in die Bildung und Erziehung integriert sind. Viele Eltern, SchülerInnen, LehrerInnen und WissenschaftlerInnen werden geblendet und empfinden diese Ansichten als richtig. Dennoch geht es bei der Theorie der Propaganda um eine schleichende Umgestaltung der Gesellschaft, die nicht von heute auf morgen durchgesetzt wird, sondern möglicherweise über Generationen hinweg verläuft. Das zu erreichende Ziel ist die Dominanz des Marktes und die Unterwerfung der Gesellschaft und des Staates unter die ‚Marktregeln'.

Aus diesem Grund wird um Vorsicht gebeten, besonders im Falle des Bildungswesens, das in sehr persönliche Bereiche des Individuums eingreift. So macht auch der Soziologe Richard Münch (2009) darauf aufmerksam, dass die globale Umsetzung und Durchsetzung wirtschaftspolitischer Strukturen wächst. Dieses Phänomen wird durch die globale Vergleichbarkeit und die daraus entstehenden globalen Vorbilder vorangetrieben. Folglich verlieren nationale Akteure an legitimer Macht und Souveränität. Die nationale Gesellschaftspolitik (darunter fällt auch die Bildungspolitik) passt sich an globale Modelle an und unterwirft die historisch gewachsenen, lokalen Strukturen dem global anführenden ökonomischen Modell. Als Folge können zahlreiche Dysfunktionalitäten erkannt werden. Durch die Anpassung an „fremde" Strukturen und die gleichzeitige Verabschiedung der historisch gewachsenen Muster, verliert eine Nation an Macht. Die Bindungskraft einer Nation sowie die Fähigkeit ungleiche Marktbedingungen auszugleichen gehen verloren. Es sinkt zwar die Ungleichheit zwischen den Nationen, sie wächst hingegen innerhalb einer Nation. Das heißt, durch diese Strukturveränderung entsteht eine soziale Differenzierung, ausgelöst durch eine Schichtung. *„Die soziale Differenzierung von Lebenschancen wird durch die Abspaltung einer transnationalen Elite und einer marginalisierten Gruppe der Geringqualifizierten von der breiten, auf ein standardisiertes Niveau von Lebensführung und Lebenschancen normalisierten Masse der Bevölkerung, [...] geprägt."* (Münch, 2009, S. 22) Wissen wird dabei zum zentralen Medium und trennt die Bevölkerung in „Schichten". Wobei auch Einkommen, Macht und Prestige noch eine zentrale Rolle spielen.

Es gibt die Schicht der transnationalen Elite, jene ist die Wissenselite, die sich durch die Fähigkeit der Entwicklung von neuem Wissen kennzeichnet. Die mittlere Schicht ist die breite Masse der Bevölkerung, die das zur Verfügung stehende Wissen der Wissenselite anwendet und verarbeitet. Jene Schicht entwickelt aber kein neues Wissen. Ganz unten stehen die Unwissenden, die keine Fähigkeit besitzen, Wissen aufzunehmen und anzuwenden. Jene werden sozial an den Rand gedrängt und haben es schwer, am gesellschaftlichen Leben teilzunehmen. Durch diese Unterteilung lässt sich wiederum erkennen, dass nur durch Wissen Geld, Macht und Prestige erreicht werden können. Somit wird Wissen zur ökonomischen Ressource und folglich zur Ware gemacht. Dies ist der Ansatz dafür, dass Wissen wie eine Ware gehandelt wird. Somit erscheint jedes Individuum, welches Wissen am Markt anbietet, als kleines Unternehmen. Es investiert in Bildung also Humankapital, um daraus einen Gewinn zu erwirtschaften. (Münch, 2009, S.22f)

Dies bietet Raum für kommerzielle Bildungsdienstleister und für institutionelle Finanzanleger, neue Märkte zu erschließen und ihr Kapital zu verwerten. Die Bevölkerung ist bereit, in Bildung bzw. Ausbildung zu investieren, um dadurch Wissen zu erlangen. Dies ermöglicht bessere Berufs- und Lebenschancen. So wird der Bildungssektor mit betriebswirtschaftlichen Strukturen umschlungen und als positiver, propagierter Nebeneffekt werden die Staatskassen entlastet. Gleichzeitig treten die öffentlichen Bildungseinrichtungen gegen-seitig in den Wettbewerb - durch Sponsoring, Werbeeinnahmen und mit Hilfe von Stiftungen,. (Liesner & Lohmann, 2009, S. 10f)

Preuß (1975) geht an dieser Stelle noch einen Schritt weiter und verdeutlicht, dass nicht die Mächtigen, sprich die Elite, am Wandel gesellschaftlicher Strukturen „verantwortlich" sind. Das Kernproblem bzw. die Grundlage dafür, ist vielmehr in den zugrundeliegenden Mechanismen zu suchen, die den Transfer der Interessen dieser Mächtigen zulassen und ermöglichen. So macht Preuß den parlamentarisch-demokratischen Rechtsstaat dafür verantwortlich, der die Bevölkerung in Klassen teilt. (1975, S. 14f) Diese Spaltung trägt wesentlich zum individualistischen Selbstbild bei und veranlasst Individuen, nach Mündigkeit und Autonomie zu streben. Um die Ziele der Autonomie und Mündigkeit zu erreichen, bedarf es der Bildung. Doch wie eingangs schon erwähnt, ist die Erreichung dieser Ziele - in Gestalt unseres Bildungswesen - durch Bildungsinstitutionen, die an Curriculums gebunden sind, nicht möglich. (Preuß, 1975, S. 74) Somit ist hier ein klarer Widerspruch zu erkennen. Einerseits soll Bildung das individuelle Selbstbild stärken, auf der anderen Seite wird jenes Selbstbild durch die Strukturen des parlamentarisch-demokratischen Rechtsstaats eingeschränkt.

Zusammenfassend können nun vier Punkte zur Durchsetzung der Strategie und Taktik des neoliberalen Projekts aufgezählt werden:

1. Die *„übergeordneten Ideologie und Präsentation des Neolibera-lismus als Projekt der Befreiung und der Moderne"*;

2. der *„dauerhaften „Kampf um die Köpfe" durch permanente Pro-paganda für die Vorzüge einer freien Marktwirtschaft und gleich-zeitige Diskreditierung der Kritiker"*;

3. die *„systematischen Politikbeeinflussung im Sinne des neolibera-len Projekts durch staatliche wie private Bildungs-, Beratungs-und Lobbyinstitutionen (think tanks)"*;

4. die *„Absicherung und Dynamisierung marktwirtschaftlicher Re-formen durch unterschiedliche Formen institutioneller Veranke-rung."* (Ptak, 2007, S. 75)

Um nun jene geschilderten Strategien anwenden zu können, bedarf es einer Steuerung. Wirtschaft und Politik haben sich im Laufe der Zeit ein starkes, globales Netzwerk aufgebaut, welches schwer zu durchschauen ist. Die einzelnen Personen, die hinter diesen Netz-werken, Institutionen, Organisationen usw. stecken, können nicht genau identifiziert werden. Es ist aber klar, dass personale Struktu-ren hinter der Steuerung des Systems stecken.

6.2 Die Strategen im Bildungswesen

Schon Anfang des 20. Jahrhunderts, als Edward Bernays (1928) ein Buch über Propaganda veröffentlichte, war bekannt, dass übergeordnete Organisationen wirtschaftspolitische Interessen mittels Propaganda durchsetzen:

„Die bewusste und zielgerichtete Manipulation der Verhaltensweisen und Einstellungen der Massen, ist ein wesentlicher Bestandteil demokratischer Gesellschaften. Organisationen, die im Verborgenen arbeiten, lenken die gesellschaftlichen Abläufe. Sie sind die eigentlichen Regierungen in unserem Land. Wir werden von Personen regiert, deren Namen wir noch nie gehört haben. Sie beeinflussen unsere Meinung, unseren Geschmack, unsere Gedanken. Doch das ist nicht überraschend, dieser Zustand ist nur eine logische Folge der Struktur unserer Demokratie: Wenn viele Menschen möglichst reibungslos in einer Gesellschaft zusammenleben sollen, sind Steuerungsprozesse dieser Art unumgänglich." (Bernays, 2013, S. 19) Erwähnenswert ist in diesem Zusammenhang, dass sich Bernays intensiv mit der Theorie von Lippmann und Hayek auseinander gesetzt hat.

Die folgende Darstellung und Beschreibung von Jochen Krautz ähnelt den Überlegungen von Bernays unsichtbarer elitegesteuerten Demokratie. Er zeigt ein hierarchisches Gesamtbild (siehe unten, Abb.3) der treibenden Kräfte im Umbau des Bildungssystems. (2007, S. 201) Das Bild stellt internationale Organisationen und deren institutionellen- sowie programmatischen, (in)direkten Einfluss auf die nationalen Bildungssysteme dar. Die Abbildung ist unterteilt in Akteure auf globaler und europäischer Ebene (obere Reihe) und ihre jeweiligen Instrumente zur Durchsetzung der Interessen im Bildungswesen (untere Reihe). Die blaue, ovale Form stellt die (in)direkte, übergeordnete Beeinflussung, sowie auch den Einfluss zwischen den Ebenen, von Konzernen, Stiftungen, Verbänden und Lobby-Gruppen dar. Diese sorgen dafür, dass die gewünschten Entwicklungen des neoliberalen Konzeptes (Deregulierung, Entstaatlichung, Privatisierung,...) vorangetrieben werden. (Krautz, 2007, S. 201)

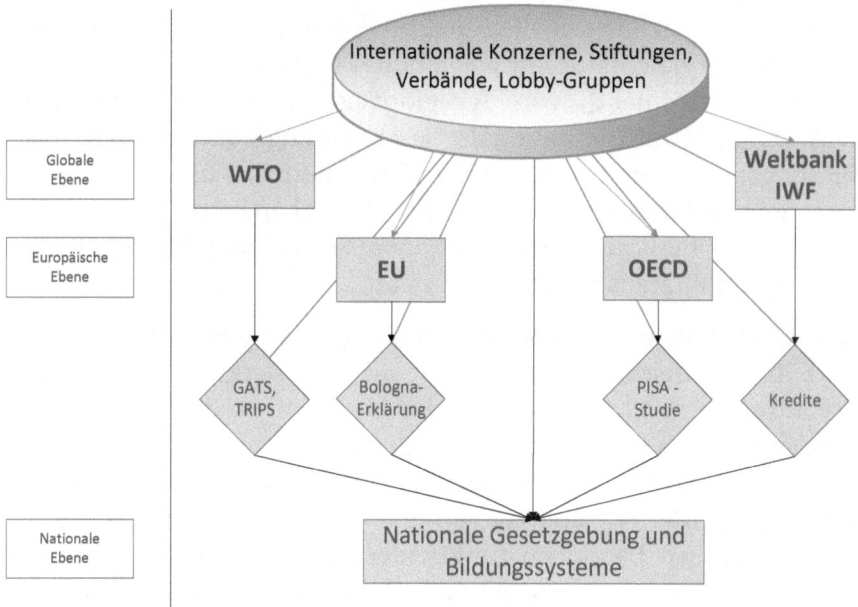

Abbildung 3: Bildungspolitische Akteure auf globaler-, europäischer- und nationaler Ebene und deren strategische Instrumente (Quelle: Eigene Darstellung, Schema entnommen aus Krautz, 2006, S. 201)

Bildung hat in Bezug auf die Bewältigung von wirtschaftlichen und gesellschaftlichen Problemen eine strategische Bedeutung. Die strategische Leitung übernehmen in diesem Fall allen voran die Weltbank, der Internationale Währungsfond (IWF), sowie die Welthandelsorganisation (WTO). Zur Durchsetzung strategischer Maßnahmen werden verschiedene Instrumente eingesetzt, wie beispielsweise die GATS-Bestimmungen und TRIPS (Agreement on Trage Related Aspects of Intellectual Property Rights) ausgehend von der WTO sowie die Kreditvergaben der Weltbank und des Internationalen Währungsfonds (IWF). Diese globalen Organisationen üben mit ihren Instrumenten Einfluss auf die europäische Ebene aus. So werden die Europäische Union (EU) und die Organisation für wirtschaftliche Zusammenarbeit und Entwicklung (OECD) mit den entwickelten Instrumenten der Bologna-Erklärung und den Vergleichsstudien von PISA (Programm for International Student Assessment), von der globalen Ebene beeinflusst. Dies wirkt folglich auf die nationale Gesetzgebung ein und steuert das Bildungssystem und die gesetzten Reformen. Die über-geordneten Strategen (internationale Konzerne, Wirtschaftsverbände, Stiftungen und Lobby-Gruppen) sind ökonomisch gelenkt, und üben vom Hintergrund heraus direkten Druck auf alle Ebenen aus.

Die dargestellten Akteure bzw. Strategen sorgen dafür, dass sie mithilfe der Instrumente weltweit die neoliberale Globalisierung vorantreiben. Nicht nur das Bildungssystem ist davon betroffen, sondern auch viele andere Dienstleistungsbereiche, die von der öffentlichen Hand gelenkt werden, wie beispielsweise die Wasserversorgung, das Transportwesen und die Gesundheitsversorgung. Auch in diesen Bereichen funktioniert das System: die Strategen treiben mit ihren Instrumenten die Deregulierung, Entstaatlichung und Privatisierung voran. Dies geschieht über die Köpfe der Bürger hinweg und die maximalen Profitmöglichkeiten kommen letztlich wieder nur wenigen zugute. (Krautz, 2007, S. 201)

6.2.1 Strategen der globalen Ebene

Die Weltbank und der Internationale Währungsfond agieren auf weltweiter Ebene. Die Verringerung der Armut, die Steigerung der Lebensqualität, sowie die Verbesserung der wirtschaftlichen Entwicklung werden als wesentliche Ziele formuliert. Bildung wird dabei als das Medium zur Zielerreichung gesehen. Die beiden Institutionen stützen ihr Vorhaben sehr stark auf die Theorie der Bildungsökonomie, was einen enormen Einfluss auf deren Instrumente hat, und folglich auf die gesamte nationale Gesetzgebung und das Bildungs-wesen einwirkt. (Human Development Network, 2002)

Als langfristiges Bildungsziel sieht die Weltbank, die Erreichung einer qualitativ angemessenen Allgemeinbildung, welche Grundkenntnisse in Lesen, Schreiben und Rechnen, sowie soziale Fähigkeiten inkludiert und die Möglichkeit zur Erreichung einer höheren Bildung beinhaltet. Internationale Ziele wurden vor allem hinsichtlich allgemeiner Primarbildung, Erwachsenenbildung sowie Gendergleichstellung in der Grundschul-ausbildung gesetzt. Diese Ziele wurden mit jenen des OECD Development Assistance Committee (DAC, Ausschuss für Entwicklungshilfe) abgestimmt. Die Zielerreichung wird anhand von Indikatoren gemessen, wie beispielsweise Einschreib- und Abschlussquoten in Bildungsinstitutionen. Vor allem Entwicklungsländer erhalten besondere Unterstützung im Bildungsbereich. Als Schlüssel für die erfolgreiche Umsetzung der Bildungsmaßnahmen wird die Qualität im Lehren und Lernen gesehen, das vor allem in effizient gestalteten Institutionen erfolgen soll. Für die Erarbeitung bzw. Durchführung der Maßnahmen zur Erreichung der Ziele sind nationale Institutionen und der Staat verantwortlich. (Human Development Network, 2002)

Die Weltbank nennt vier Hauptstrategien: Erstens sollen internationale Ziele erreicht werden, das heißt die Wirtschaftlichkeit soll gesteigert, die kulturellen Gemeinschaften sollen vereint und die Beteiligung an kollektiven Beziehungen soll gefördert werden. Resultierend daraus ergibt sich, laut Weltbank, eine gesündere und glücklichere Bevölkerung. Die zweite Strategie beschreibt, dass es notwendig ist, früh genug Bildungsmaßnahmen, in Bereichen der Früherziehung und des Gesundheitswesen zu etablieren. Drittens wird empfohlen, neue Kommunikations- und Informationsmedien einzusetzen. Jene sollen vor allem einen Kostenvorteil bringen, sowie die Qualität der Bildung erhöhen. Viertens wird es angestrebt, Standards sowie Curriculums festzulegen und Leistungsvergleiche durchzuführen. (Human Development Network, 2002)

Die Weltbank und der IWF sind in ihren Aufgaben stark verflochten. So vergibt die Weltbank Kredite und in Zusammenarbeit mit dem IWF werden Strukturanpassungsprogramme verordnet. Die Strategien der Weltbank und des IWF kommen beispielsweise dann zur Anwendung, wenn Entwicklungsländern ein Kredit gewährt wird. Dieser wird nur dann vergeben, wenn die Maßnahmen der Weltbank und des IWF verfolgt werden. Da die vorgegebenen Maßnahmen stark an ökonomischen Prinzipien orientiert sind, wird Deregulierung, Entstaatlichung und Privatisierung vorangetrieben. Durch die vorgegebenen Maßnahmen sind die Länder gezwungen, sich an die ökonomischen Prinzipien anzupassen. Dies erfordert häufig, das Bildungswesen zu kommerzialisieren und zu rationalisieren und folglich für den privaten Sektor zu öffnen. So können kapitalismusorientierte Unternehmen (z.B.: Nokia, IBM, Microsoft, ...) auf das Bildungswesen zugreifen und ihren Absatz erhöhen. Vor allem Informations- und Kommunikationsunternehmen konstatieren in der Aufschließung dieser Länder eine Chance. Das neue, zur Verfügung stehende Humankapital kann nun antrainiert und eingesetzt werden. Der Bildungssektor wird somit ökonomischen Prinzipien unterstellt. Unternehmen stellen beispielsweise gut aufbereitete Lernmaterialien mit vorgegebenen Inhalten für Lehrpersonal zur Verfügung. Diese Materialien sind natürlich mit bestimmten, bewusst gewählten Inhalten gefüllt, die das neoliberale Projekt vorantreiben und die neoliberale Denkweise unbewusst verinnerlichen soll. So findet das neoliberale Denkverhalten auch in den Entwicklungsländern Eingang. Dies mag möglicherweise die Armut, gemessen an ökonomischen Indikatoren, verringern. Die tatsächliche Verringerung der Armut wird damit aber nicht bekämpft, da die eingesetzten Mittel nicht auf die nationalen strukturellen Probleme abgestimmt werden. (Krautz, 2007, S. 202f)

Neben Weltbank und IWF agiert auf weltweiter Ebene auch noch die Welthandels-organisation (WTO, World Trade Organisation). Jene Institution regelt internationale Handels- und Wirtschaftsbeziehungen. Besonders die Veränderungen der wirtschaftlichen Produktion und die Verlagerung der Produktion in Entwicklungsländer, aber auch die gestiegene Bedeutung und Verwendung von Informations- und Kommunikationstechnologien verändern den Bedarf der Wirtschaft an Arbeitskräften. Vor allem Entwicklungsländer sind starken Veränderungen ausgesetzt, davon ist auch deren Bildungswesen betroffen. Durch die steigende Verlagerung der Produktionsstätten der multinationalen Konzerne in arme Entwicklungsländer, steigt dort der Bedarf an qualifizierten Arbeitskräften. Das Bildungs-wesen ist folglich gefordert, Arbeitskräfte auszubilden und das Bildungsniveau an westliche Standards anzugleichen. Abgesehen davon, dass Bildung hier mit Ausbildung gleichgesetzt wird, gelangt Bildung auch in den internationalen Handel. Die Bildungskommerzialisierung in den Entwicklungsländern erfordert einheitliche Ausbildungsstandards. So haben Industrie-länder die Möglichkeit, in den verlagerten Produktionsstätten auf westliche Standards zurückzugreifen. Das heißt, die zunehmende Produktionsverlagerung in ärmere Billigländer ruft nach gewissen Bildungsstandards aus dem Westen. Die Folgen dieser Veränderungen werden im siebten Kapitel näher erläutert. (Langthaler, 2005, S. 165f)

Im Bildungsbereich ist vor allem das durch die Mitgliedsländer der WTO beschlossene GATS-Abkommen (General Agreement on Trade in Service) sowie das TRIPS-Abkommen[11] (Trade-Related Aspects of Intellectual Property Rights) von Bedeutung. Das GATS-Abkommen regelt den internationalen Handel von Dienstleistungen, dessen Ziel die Liberalisierung beinhaltet. Das heißt, Dienstleistungen sollen dem öffentlichen Markt (privaten Investoren) zugänglich gemacht werden und sich von staatlicher Intervention zurückziehen. Dadurch soll der Wettbewerb von in- und ausländischen Unternehmen vorangetrieben werden. (Krautz, 2007, S. 203)

Innerhalb des Abkommens werden zentrale Grundsätze festgelegt. Jeder Mitgliedsstaat (dies betrifft vor allem Entwicklungsländer)

---

[11] Im Rahmen dieser Arbeit wird lediglich auf das GATS-Abkommen genauer eingegangen

der WTO verpflichtet sich, öffentliche Sektoren (z.B.: Banken, Versicherungen, Bildungs- und Gesundheitswesen, Telekommunikation, Post, Bahn, Wasserversorgung, etc.) zu liberalisieren und somit den Handelsvereinbarungen zu unterwerfen. Will ein Mitgliedsstaat einen öffentlichen Sektor schützen, so muss ein anderer Dienstleistungssektor für den internationalen Handel geöffnet werden. Die Vereinbarungen sind für drei Jahre verpflichtend, nach Ablauf dieser Frist kann neu verhandelt werden. Das Niveau der Liberalisierung muss aber gleich bleiben und kann nur mit anderen Sektoren ausgeglichen werden. Das heißt, will ein Mitgliedsland beispielsweise das Bildungswesen schützen, muss es dafür zum Beispiel die Telekommunikationsdienstleistungen für den internationalen Handel freigeben. Als Ausnahme, also von GATS nicht betroffen, gelten hoheitliche Dienstleistungen. Dazu zählen grundsätzlich jene Leistungen, die vom Staat erbracht werden und der Befriedigung grundlegender, gesellschaftlicher Bedürfnisse dienen. Das heißt, Bildung, Gesundheitsvorsorge, Infrastruktur, usw. sind prinzipiell von den GATS Bestimmungen ausgeschlossen. Das Problem dabei ist aber, dass beispielsweise im Fall von Bildung, die Leistungen nicht mehr ausschließlich vom Staat erbracht werden können, sondern zum Teil schon privatisiert wurden (z.B.: Erwachsenenbildung). Vor allem Entwicklungsländer gelangen aufgrund der schlechten finanziellen Lage unter Druck dieser globalen Akteure und ihrer sogenannten Unterstützungsmaßnahmen. (Krautz, 2007, S. 203ff)

Obwohl alle Mitgliedsstaaten die gleiche rechtliche Stellung einnehmen, verfügen viele Länder über keine direkten VertreterInnen im WTO-Sitz in Genf. Nur die führenden Handelsnationen werden von zahlreichen ExpertInnen vertreten. Auf EU-Ebene beispielsweise werden die GATS-Verhandlungen nicht von den Mitgliedsstaaten selbst geführt, sondern von der Europäischen Kommission. Das heißt, nicht jedes Land kann selbst mitbestimmen, sondern wird von der Kommission vertreten. Noch schlimmer trifft dies beispielsweise die afrikanischen Staaten, wo etwa zwanzig Staaten keinen eigenen Vertreter beim WTO-Sitz haben. Das Abkommen bzw. die Verhandlungen sind aber bindend für die nationale Gesetzgebung. Somit hat nicht jedes Land die Möglichkeit, seine eigenen Interessen zu vertreten. Die globalen Machtverhältnisse spiegeln sich innerhalb der WTO deutlich wider. Überdies finden die Verhandlungen unter Ausschluss der Öffentlichkeit statt. (Langthaler, 2005, S. 166)

Auch wenn das Bildungswesen in vielen Ländern zum Großteil noch in öffentlicher Hand ist, sind gewisse Liberalisierungstendenzen zu erkennen. Im deutschsprachigen Raum ist es vor allem der Hochschulbereich, der immer mehr dem Dienstleistungssektor unterworfen wird und somit dem ‚Markt' und dem Wettbewerb zugänglich gemacht wird. Aber auch im primären und sekundären Schulbereich, sowie in der Erwachsenenbildung kann eine zunehmende Liberalisierungstendenz erkannt werden. Da die Verhandlungen unter Ausschluss der Öffentlichkeit geführt werden, ist es schwer nachzuvollziehen, welche Vereinbarungen nun wirklich getroffen werden. Es ist darauf hinzuweisen, dass diese Art von Verhandlungen und Abkommen grob fahrlässig sind, da sie die Demokratie direkt beeinflussen können, die Menschenrechte möglicherweise verletzen und politische Gestaltungs-möglichkeiten einschränken. Sorgen bereitet dieses Vorgehen besonders, wenn das Bildungswesen ökonomischen Richtlinien unterworfen wird und dabei, wie schon verdeutlicht, auf ökonomisch verwertbare Bildung reduziert wird. (Langthaler, 2005, S. 158ff)

Allgemein repräsentieren sich die Institutionen der globalen Ebene als „wohltätige" Akteure, die gegen Armut und für eine bessere Lebensqualität kämpfen. Doch werden die Instrumente, deren Strategie und die Ziele betrachtet, kann schnell erkannt werden, dass die Implementierung des neoliberalen Projekts die zu Grunde liegende Intention darstellt. Stärkung des Wirtschaftswachstums, Steigerung der Produktivität und der Konkurrenz-fähigkeit fließen in die Strategie ein und werden als Ziele genannt. Effizienz und Qualität stehen dabei an oberster Stelle. Wird diese Entwicklung im Bildungsbereich fortgeführt, werden die gewünschte Verringerung der Armut und die damit einhergehende Verringerung sozialer Ungleichheiten im Bildungswesen nur zu einem geringen Teil bzw. gar nicht erzielt. Vielmehr drängt die Konzentration auf ökonomische Prinzipien viele sozial schwächere Bevölkerungsgruppen noch mehr in notleidende Situationen und die Kluft zwischen Arm und Reich wird größer.

Die Ziele der Weltbank, IWF und WTO definieren grundsätzlich positive, wohltätige Aspekte. Jedoch spiegeln die Maßnahmen aufgrund fehlender Kapazitäten und Strukturen eher die machthabenden Interessen der führenden Wirtschaftsnationen und Konzerne wider. Dies führt nicht, wie erhofft zu den gewünschten Zielen, sondern manövriert die wirtschafts-schwachen Länder mehr in Armut und Unterdrückung. (vgl. Krautz, 2009; Langthaler, 2005)

6.2.2 Strategen der europäischen Ebene

Auf europäischer Ebene sind als Hauptakteure der Bildungskommerzialisierung die Europäische Union, sowie die Organisation für wirtschaftliche Zusammenarbeit und Entwicklung (OECD) zu nennen. Die Bologna-Erklärung, beschlossen und unterzeichnet von der Europäischen Kommission in Zusammenarbeit mit den BildungsministerInnen der am Bologna-Prozess beteiligten Länder, dient als bildungspolitisches Instrument. Die Notwendigkeit dieses Instruments wird in der strukturellen Veränderung der Gesellschaft, die auch das Bildungswesen beeinflusst, gesehen. Die Europäische Kommission erkennt vor allem drei wesentliche Umwälzungen, welche die Bedingungen der Wirtschaftlichkeit, sowie das Funktionieren einer Gesellschaft ausschlaggebend und fortwährend verändern. Man spricht hierbei von der Herausbildung der Informationsgesellschaft, der wissenstechnischen Zivilisation, sowie der Globalisierung der Wirtschaft. Als Reaktion darauf wird auf Allgemeinbildung und auf berufliche Bildung gesetzt. (Europäische Kommission, 1995)

Es ist zu erkennen, dass auch die Europäische Kommission die Prinzipien der Bildungsökonomie und der daraus resultierenden Humankapitaltheorie verfolgt und ihre Leitlinien danach orientiert. Sie ist der Meinung, dass ein deutlicher Zusammenhang zwischen der Wirtschaftlichkeit eines Landes und der Leistungsfähigkeit der BürgerInnen besteht. Somit vertritt die Europäische Kommission die Meinung, dass die Investition in Humankapital positive, ökonomische Effekte verursacht. Aus diesem Grund sollen Wirtschaft und Wissenschaft enger miteinander kooperieren. Dies hat zur Folge, dass sich Bildung auf ökonomisch verwertbare Bildung reduziert. Somit ändert sich der Bildungszweck generell. Nicht die Entwicklung der eigenen Persönlichkeit bestimmt den zentralen Aspekt der Bildung, sondern die (ökonomische) Investition in die Zukunft des Menschen, sich in der beruflichen, von Ökonomie und Technik geprägten Umgebung zurecht zu finden. Überdies setzt sich die Europäische Kommission mit der Lissabon-Strategie das Ziel, Europa zu dem wettbewerbsfähigsten, dynamischen und wissensbasiertesten Wirtschaftsraum der Welt zu machen. Daraus lässt sich schließen, dass sich die Europäische Kommission in Zusammenhang mit der Bologna-Erklärung der neoliberalen Ideologie anschließt. Dies geht vor allem daraus hervor, weil sie sich vorrangig wirtschaftspolitische Ziele setzt und sich anderen Weltregionen, insbesondere den USA, gegenüberstellt. (Wuggenig, 2008, S. 125f)

Zur Bologna-Erklärung kam es im Jahr 1999; der Grundgedanke besteht darin, einen einheitlichen europäischen Hochschulraum zu schaffen. Der Bologna-Prozess hat drei wesentliche Ziele:

- Erstens soll durch die Schaffung eines (transparenten) europäischen Hochschul-raumes die Mobilität gefördert werden,

- zweitens die internationale Wettbewerbsfähigkeit des europäischen Hochschul-systems gesteigert werden, und

- drittens die Beschäftigungsfähigkeit der europäischen Bürger begünstigt werden.

Dafür wird ein gemeinsames System geschaffen; dieses ist durch transparente und vergleichbare Abschlüsse, durch ein zweistufiges System von Studienabschlüssen (Bachelor und Master), sowie die Einführung eines Leistungspunktesystems (European Credit Transfer System, ECTS) und die Verstärkung transnationaler Mobilität gekennzeichnet. (Eckardt, 2005,S. 45ff)

Organisatorisch gesehen fällt die Bologna-Erklärung in keinen völkerrechtlich verbindlichen Rahmen, sondern ist eine unverbindliche, politische Willenserklärung der unterzeichnenden MinisterInnen. Es bestehen somit weder verbindliche Ansprüche oder Verpflichtungen zwischen den beteiligten Staaten, noch haben die Dokumente für sie und deren subnationale Ebenen eine bindende Wirkung. Nichtsdestotrotz ist zu erkennen, dass das System der Bologna-Erklärung starken Einfluss auf die nationale Gesetzgebung hat und viele Maßnahmen eingebracht und umgesetzt werden. Die MinisterInnen treffen sich im Zweijahresrhythmus, um den Werdegang des Prozesses zu besprechen und erforderlichenfalls systematische Änderungen vorzunehmen. (Eckardt, 2005, S.63f)

So kann gesagt werden, dass die Bologna-Erklärung ein weiteres Instrument ist, das die Transformation diverser Kulturen hin zu einer gemeinsamen Kultur vorantreibt. Vor allem im Hochschulbereich zieht dadurch der neoliberale Diskurs seine Wege. Die Ökonomisierung - die Reduzierung von Bildungsinhalten auf ökonomische Aspekte- schreitet weiter voran und untergräbt die relative Autonomie von Wissenschaft und Bildung immer mehr. (Schultheis, 2008, S. 188)

Konkrete Ergebnisse der Durchsetzung bzw. Anpassung an die Bologna-Strukturen äußern sich vor allem in der Verkürzung der Studiendauer, dies hat enorme Auswirkungen auf die Qualität der Studiengänge. So ist es aufgrund des Zeitdrucks schwierig, die akademische Freiheit beim Lehren und Lernen auszuüben. Es wird vorausgesetzt, sich strikt an die vorgegebenen Studienpläne zu halten. Angesichts des Zeitdrucks ist es kaum mehr möglich, sich Bildungsinhalte außerhalb des Curriculums anzueignen.

Durch die angestrebte Vergleichbarkeit der Studien und Universitäten wird automatisch die Konkurrenz zwischen den Universitäten angekurbelt. Dass darunter wiederum die Qualität leidet, weil ausschließlich die Absolventenquoten zählen und die Inhalte der Lehre dabei in Gefahr geraten, in den Hintergrund zu treten , liegt auf der Hand. Studienrichtungen, die eine eher geringe Nachfrage verzeichnen, werden über kurz oder lang (weil nicht ökonomisch führbar) gestrichen. (Schultheis, 2008, S. 190ff)

Während die EU mit der Bologna-Erklärung zur Kommerzialisierung der Hochschulen beiträgt, übernimmt die Organisation für wirtschaftliche Zusammenarbeit und Entwicklung (OECD) dies mit dem Instrument der vergleichenden Studien von PISA für Schulen. Die Europäische Kommission und die OECD stimmen somit in der Verfolgung ihrer Strategie, einen gemeinsamen Hochschulraum zu schaffen, überein.

Als übergeordnetes Ziel definiert die OECD die Verbesserung der wirtschaftlichen und sozialen Lage der Weltbevölkerung. Die OECD setzt sich als zentrales Ziel *„die Globalisierung in den Griff zu bekommen"*. Dies soll anhand von Standardisierung und Kommerzialisierung geschehen. Im Bildungsbereich wurde dafür das Instrument der Internationalen Schulleistungsstudie PISA (Programm for International Student Assessment) entwickelt. (OECD, 2004, S. 7f)

„Ziel von PISA ist es zu beurteilen, wie gut es den Bildungssystemen gelingt, jungen Menschen die Kenntnisse und Kapazitäten zu vermitteln, die sie im Erwachsenenleben benötigen. Gefragt wird dabei weniger, welche Maßnahmen oder Vorgehensweisen konkret zu Erfolg führen, sondern welche Merkmale erfolgreichen Schülerinnen und Schülern, Schulen und Bildungssystemen gemeinsam sind." (OECD, 2004, S. 17)

Das heißt, die OECD bestimmt, welche Kenntnisse und Kapazitäten Schüler im Erwachsenenleben benötigen. Diese Kenntnisse und Kapazitäten werden auf messbare Werte reduziert. Somit testet PISA eigentlich normative Fähigkeiten, die nicht Gegenstand des Unterrichts sind, da sie nicht gelernt bzw. gelehrt werden. Abgesehen davon, werden die Testfragen nicht auf nationale Bildungsinhalte angepasst, vielmehr werden ein eigenes, pädagogisches Konzept und auch ein eigener Bildungsbegriff bestimmt, der von ökonomischen Prinzipien geleitet wird. (Krautz, 2007, S. 81f)

So ist beispielsweise auch Münch der Meinung, dass Bildung im transnationalen Raum die Bindung an nationale, kulturelle Traditionen verliert. In diesem neuen Rahmen hat die universelle Verwertbarkeit höchste Priorität, aus diesem Grund stellen kulturelle Unterschiede strukturelle Hindernisse dar, die im Konzept des Humankapitaldenkens wenig Platz haben und vielfach stören. (Münch, 2009, S. 10)

Weiters bestätigt die OECD, dass sich die Mitgliedsstaaten dem Willen der OECD verpflichten: *„Die Regierungen verpflichten sich, Fortschritte bei der Erhaltung der Normen und Standards zu erzielen, wobei sie durch das System der gegenseitigen Prüfungen (Peer Reviews) unterstützt werden. In einer Welt globaler Interdependenzen ist diese Vorgehensweise wohl der effizienteste Weg, Einfluss auf das Verhalten souveräner Staaten auszuüben."* (OECD, 2004, S. 23)

Dem Zitat der OECD ist - abgesehen vom verpflichtenden Status der Mitgliedsstaaten - auch noch deutlich zu entnehmen, dass durch gegenseitige Prüfungen bewusst und zwingend das Verhalten der Staaten beeinflusst wird.

Durch die Vergleiche kann gut kontrolliert und gelenkt werden, ob die Normen eingehalten werden. Folglich wird Druck auf die einzelnen Staaten ausgeübt, die Bildung so zu organisieren, dass dem ökonomischen Konzept der OECD bzw. dem neoliberalen Projekt nachgekommen wird. Ökonomisches Denken und Steuern wird somit auf die Organisation der Schulen (innerlich und äußerlich) übertragen. Effizienz und Konkurrenz stehen an der Tagesordnung und die tatsächlichen pädagogischen Beziehungen werden ökonomisiert. (Krautz, 2007, S. 93)

6.2.3 Strategen der nationalen Ebene

Die nationale Ebene, sprich die Parteien bzw. die Regierung eines Landes, die Medien und die Wissenschaft stellen die Ebene mit größter Bürgernähe dar, auf der Politik betrieben wird und Gesetze beschlossen werden. Also jene Ebene, auf der die BürgerInnen durch ihr demokratisches Mitspracherecht ‚Einfluss' ausüben können. Bildungspolitisch werden viele Reformen gemacht, die eine erhoffte Verbesserung aus der so miserabel propagierten Bildungssituation verschaffen sollen. Doch macht es oft den Anschein, dass diese Reformen zu keiner Verbesserung führen. (Krautz, 2007, S. 206)

Wie schon verdeutlicht wurde, üben die globalen und die europäischen Akteure mit den eingesetzten Instrumenten Druck auf die nationale Politik und Gesetzgebung aus und versuchen so, mit ihren neoliberalen Strategien Einfluss auf die Staaten zu nehmen. Gerade in der Bildungspolitik wird häufig verdeutlicht, dass es keine andere Alternative gibt. Somit erscheint die nationale Ebene lediglich als die ausführende Ebene, jene, welche die Maßnahmen durchführt aber kaum Einfluss darauf hat. Dabei sind es aber genau die BürgerInnen, die von den Auswirkungen betroffen sind und die in einem demokratischen Staat die Möglichkeit hätten, ihre Meinung durchzusetzen und etwas zu ändern. Die BürgerInnen könnten aufgrund ihres politischen Mitspracherechts viel Macht und Druck aufbauen und so wesentlich auf politische Entscheidungen einwirken. (Krautz, 2007, S. 207)

Die Meinung der BürgerInnen wird unbewusst durch die oben geschilderten Strategien und Taktiken der globalen sowie europäischen Akteure so stark beeinflusst und manipuliert, dass die Selbstbestimmung stark gefährdet ist. Gerade im Bildungsbereich ist dies eine bedenkliche Tendenz und es scheint notwendig, BürgerInnen darauf aufmerksam zu machen, das demokratische Mitspracherecht in Anspruch zu nehmen. Der direkte, soziale Diskurs ist dabei Voraussetzung; kritisches Denken im Bildungsprozess soll gefördert werden und an der (schulischen wie zivilgesellschaftlichen) Tagesordnung stehen.

Auch in der Öffentlichkeit stehende Personen wie PolitikerInnen, WissenschaftlerInnen und JournalistInnen sind diesem System ausgesetzt bzw. macht es häufig auch den Anschein, sie würden dieses System geradewegs unterstützen. Motive dafür sind möglicherweise, Macht, Prestige, Erfolg, finanziell einseitige Förderungen usw. Wo diese Entwicklung noch hinführt, bleibt offen. Solange aber Bürgerinnen und Bürger nicht erkennen, dass es notwendig ist, selbst zu (re-) agieren, wird das System weitergeführt und eine Kursänderung in bildungspolitischen Aspekten nicht erreicht.

6.2.4 Strategen der Hintergrundebene

Die Hintergrundebene ist die wichtigste Ebene in diesem Schema. Auf dieser Ebene agieren jene Akteure und Strategen, die die meiste Macht und den meisten Druck ausüben und folglich auch den größten Nutzen und die höchsten Gewinne daraus erzielen. Bei genauerer Betrachtung der Veränderungen im Bildungssystem wird immer wieder deutlich, dass vor allem Banken, Konzerne, Stiftungen und Lobbygruppen die Bildungsreformen aufgrund ihrer Machtposition wesentlich beeinflussen. Die Strategen dieser Ebene wirken auf alle bisher geschilderten Ebenen ein, dies geschieht meist indirekt und nicht allzu offensichtlich. Aus diesem Grund ist es auch schwer nachzuvollziehen, wer die direkt Verantwortlichen der neoliberalen Entwicklung sind. Dies kann so verstanden werden, dass Konzerne keine internationalen bzw. nationalen Institutionen sind und sich deshalb formell außerhalb des Schemas befinden. Tatsächlich macht es aber den Anschein, das beispielsweise UnternehmensvertreterInnen, sowie PolitikberaterInnen und Werbe- und PR-Agenturen viel Druck auf die Politik ausüben und einen großen Einfluss auf die Themensetzung und

Entscheidungsfindung der politischen AkteurInnen haben. Diese Form informellen Einflusses führt dazu, dass sich die Politik den Interessen der Wirtschaft unterordnet und sich folglich abhängig macht. So fordern beispielsweise (und im ökonomischen Paradigma leicht nachvollziehbar und einsichtig) Unternehmen von Universitäten, mehr IngenieurInnen auszubilden, um das technische Know-How aufrechterhalten zu können. (Krautz, 2007, S. 207ff)

Externe Politikberatung gibt es grundsätzlich schon lange, sie wurde aber meist von wissenschaftlichen Institutionen durchgeführt. Diese Beratung wird gegenwärtig nur mehr zu einem geringen Teil angenommen. Mittlerweile zählen zu den Politikberatern eben jene oben genannte Organisationen bzw. Think Tanks oder InteressenvertreterInnen, die der Regierung bzw. den Ministerien direkt als Beratung zur Seite stehen. Die Beratungstätigkeit geschieht offiziell unter scheinbar seriöser Beratung, es macht aber auch den Anschein, als handle es sind um trübe, suspekte Tätigkeiten politischer Einflussnahmen und Interessens-politik. Die gesellschaftlich egalitäre Einflussnahme ist in dieser demokratischen Regierungsform nicht mehr vorgesehen. Das heißt, dass der Herstellung von Öffentlichkeit, sprich die politische Beteiligung der Bevölkerung in diesem Demokratieverständnis, schwer möglich erscheint und folglich kaum mehr nachgegangen werden kann. Stattdessen wird das Gewicht auf die mediale Vermittlung der verdeckt getroffenen Entscheidungen gesetzt. Dieses neoliberale System bzw. diese Ideologie funktioniert nur so lange, wie die Meinungen der Bevölkerung nach der neoliberalen Denkweise geprägt sind. Somit kann gesagt werden, dass den politischen BürgerInnen das Wissen bzw. die Information fehlt, welche Entscheidungen eigentlich schon getroffen worden sind, bevor die Abgeordneten im Parlament gesellschaftspolitische Themen diskutieren. (vgl. Lösch, 2007, S. 279ff) Diese Darstellung erklärt somit, warum die BürgerInnen das Gefühl haben, keinen politischen Einfluss ausüben zu können und warum die gesetzten Reformen ohnehin kaum zu den gewünschten Ergebnissen führen.

7 Ökonomisierung im Bildungswesen: Beispiele

Die Verbreitung des neoliberalen Reformgeistes im Bildungsbereich soll nun anhand der unten angeführten Beispiele verdeutlicht werden. Im ersten Beispiel soll gezeigt werden, welchen Einfluss die globalen Akteure, Weltbank, IWF und WTO auf die afrikanischen Entwicklungsländer südlich der Sahara haben. Als zweites Beispiel soll der Einfluss europäisch gesetzter Ziele verdeutlicht werden. Dies wird anhand der Implementierung des Bologna-Prozesses in Deutschland veranschaulicht. Das dritte und letzte Beispiel zeigt den mächtigen Einfluss der im Hintergrund agierenden Akteure. In Deutschland ist der Konzern Bertelsmann SE mit der gegründeten Bertelsmann Stiftung ein bedeutender Einflussnehmer auf das deutsche Bildungssystem. Die folgenden drei Beispiele geben nur einen kleinen Einblick in die übergeordneten Steuerungsmechanismen von Akteuren. Natürlich gibt es noch zahlreiche andere Modelle, welche die Macht und den Einfluss auf nationale Bildungssysteme veranschaulichen.

7.1 Bildungsentwicklung in Afrika:

Einflüsse von Weltbank, IWF und WTO

Vom internationalen Ökonomisierungsprozess der Bildungssysteme sind vor allem die Entwicklungsländer stark beeinflusst. Aber auch zwischen den Entwicklungsländern gibt es starke Unterschiede, die auf die kolonialen Bildungsstrukturen zurückzuführen sind. Im Folgenden wird auf die afrikanischen Länder südlich der Sahara eingegangen, da diese im Bildungssektor sehr unterentwickelte Zahlen aufweisen. Anhand deren Bildungssituation soll der Einfluss der internationalen Akteure (Weltbank, IWF und WTO) auf die Bildungssysteme gezeigt werden. In den afrikanischen Entwicklungsländern, vor allem jenen südlich der Sahara, ist das Bildungssystem geprägt durch die französischen und britischen kolonialen, gesellschaftlichen Strukturen. In den französischen und britischen Kolonialgebieten wurde der Bevölkerung vor den 1950er

Jahren der Zugang zu Bildung weitgehend verwehrt, bzw. nur soweit ermöglicht, als es wirtschaftlich von Nutzen war. Als die afrikanischen Staaten in den 1950er und 1960er Jahren die Unabhängigkeit erlangten, wurde der Bildung große Beachtung beigemessen. Es wurde erkannt, dass Bildung positiv zur wirtschaftlichen Entwicklung des Landes beiträgt, aber auch den Erhalt der eigenen Kultur fördert, sowie das Nationalbewusstsein stärkt. (Langthaler, 2005, S. 155f)

Die afrikanischen Länder entwickelten aufgrund der Entkolonialisierung und der Unabhängigkeit alternative Bildungssysteme. Je nach politischer Ausrichtung des entsprechenden afrikanischen Landes, entwickelte sich das nationale Bildungssystem als Mittel zur Erfüllung der gesellschaftspolitischen Ansprüche. Aufgrund der kolonialen Zerteilung der afrikanischen Bevölkerung unterscheidet sich die Bildungssprache. Viele Regierungen entschieden sich einerseits aus finanziellen Gründen, andererseits auch um weitere Probleme zu vermeiden, die ehemalige Kolonialsprache als National- und Unterrichtssprache beizubehalten. Auch die starken kulturellen Unterschiede - aufgrund kolonialer Hintergründe - stellen sich als große Herausforderung dar. (Langthaler, 2005, S. 155f)

Anhand der folgenden Abbildungen (Abb. 4 -7) wird gezeigt, wie sich die Einschulungsrate der Primarschulbildung, die AnalphabetInnenrate und die Inskriptionsrate im Tertiärbereich in den afrikanischen Ländern südlich der Sahara in den vergangen Jahren entwickelt haben.

Wird die Bildungsbeteiligung im Primarschulalter in den afrikanischen Ländern betrachtet (siehe Abb. 4), so sind nach wie vor beachtliche Defizite im Vergleich zu Industrieländern erkennbar. Die durchschnittlichen Einschulungsraten in den Entwicklungsländern des Jahres 2005 sind im Vergleich zu 1999 zwar gestiegen, dennoch sind gewichtige Unterschiede in der Gegenüberstellung zu den Industriestaaten zu bemerken. Der Abschnitt Afrika südlich der

Sahara grenzt sich deutlich von den anderen Regionen ab. So verzeichnen diese afrikanischen Länder noch um durchschnittlich 16 Prozent weniger Einschulungskinder als die anderen Entwicklungsländer. Werden die Einschulungsraten in privaten Institutionen betrachtet, ist zu erkennen, dass in den Entwicklungsländern mehr Kinder in private Institutionen eingeschult werden als in Industriestaaten. Grund dafür ist die strukturelle Schwäche der staatlichen Institutionen. Dies hängt nicht zuletzt mit den Strukturanpassungspaketen und den Liberalisierungstendenzen der globalen Akteure zusammen. Darauf wird im weiteren Verlauf noch näher eingegangen.

Obwohl die Einschulungsrate seit 1999 um 13 Prozent gestiegen ist, besuchen trotzdem noch 33 Millionen Kinder in der südlichen Region Afrikas keine Schule. Die UNO (United Nations Organisation) erkennt, dass nach wie vor große Unterschiede in den Entwicklungen der Bildungssysteme bestehen, was Ungleichheit erzeugt und verstärkt. Die Regierungen der Entwicklungsländer reagieren auf die Bildungsnotwendigkeiten lediglich durch Erweitern der formalen Primar- und Sekundarbildung, sie passen die Struktur aber nicht an die Gegebenheiten an. (UNESCO, 2007b, S. 1)

Grund dafür ist die eingeschränkte Ausübungsmacht der nationalen Regierung, die sich an die Strukturprogramme der Weltbank, IWF und WTO halten muss. Es wird ersichtlich, dass die Abhängigkeit der Entwicklungsländer von ausländischen Fördermitteln zu einer ungleichen Machtverteilung führen und die Entwicklungsländer in ihrer autonomen Handlungsmacht eingeschränkt sind. Somit ist das eigenhändige Formulieren einer Bildungspolitik kaum möglich. (Langthaler, 2005, S. 168)

Land/Region	Insgesamt		davon private Insti-tutionen	
	1999	2005	1999	2005
	Zahlen in %		Median	
Industrieländer	97%	96%	3	4
Entwicklungsländer	81%	86%	11	11
Afrika südlich der Sahara	57%	70%	11	8

Abbildung 4: Durchschnittliche Einschulungsraten der Primar-schulbildung 1999 – 2005 insgesamt in Prozentwerten und der da-von bemessenen, privaten Institutionen in Medianwerte

(Quelle: Eigene Darstellung, Daten entnommen aus EFA Global Monitoring Report 2008, UNESCO, 2007a, S. 290f)

Eine weitere interessante Statistik über den Bildungsstand einer Bevölkerung stellt die Lese- und Schreibfähigkeit dar. Die UNE-SCO bezeichnet diese Fähigkeiten als ein fundamentales Men-schenrecht. Der Alphabetismus dient vor allem zur Teilhabe am gesellschaftlichen Leben sowie zur Armutsreduktion. Obwohl die AnalphabetInnenrate der Erwachsenen (15 Jahre oder älter) im Zeitraum von 1995 - 2004 im Vergleich zum Zeitraum 1985 - 1994 gesunken ist (siehe Abb. 5), können nach wie vor 41 Prozent der Bevölkerung in Afrika, südlich der Sahara, nicht lesen und schrei-ben. Aufgrund des starken Bevölkerungs-wachstums in dieser Re-gion ist die Rate gefährdet, zu steigen. (UNESCO, 2007b, S. 4)

Land/Region	Insgesamt 1985-1994	1995-2004
	Zahlen in %	
Industrieländer	2%	1%
Entwicklungsländer	32%	23%
Afrika südlich der Sahara	46%	41%

Abbildung 5: Geschätzte Anteile der durchschnittlichen AnalphabetInnen an der Weltbevölkerung in Prozent

(Bezugsgruppe Menschen im Alter von 15 Jahren und mehr) für 1985-1994 und 1995-2004

(Quelle: Eigene Darstellung, Daten entnommen aus EFA Global Monitoring Report 2008, UNESCO, 2007a, S. 258)

Auch beim Zugang zu tertiärer Bildung sind massive Mängel zu erkennen. Die Inskriptionsraten der Tertiärbildung in den Entwicklungsländern sind im Vergleich zu den Industrieländern erheblich geringer (siehe Abb. 6). In den Ländern Afrikas südlich der Sahara ist die Rate nochmals um einen gewichtigen Teil niedriger als in den restlichen Entwicklungsländern. Dennoch beträgt die Inskriptionsrate der Tertiärbildung im Jahr 2005 in der südlichen Region Afrikas fünf Prozent. Sie ist im Vergleich zum Jahr 1999 um ein Prozent gestiegen. Diese Rate zeigt einen sehr wichtigen Indikator, da die LehrerInnenausbildung mit der Tertiärschulstufe endet und dies die Voraussetzung dafür ist, den Unterricht der Primar- und Sekundarstufe zu sichern. In Vergleich zu den Industrie-ländern besuchen jedoch 66 Prozent der jungen Bevölkerung eine Institution höherer Bildung.

Ein großes Problem wird in der Absolvierung der Tertiärbildung gesehen, da viele Jugendliche, die eine Ausbildung in höheren Schulbereich anstreben, auswandern und ihren Abschluss im Ausland ablegen. Grund dafür sind die strukturell schwachen Bedingungen der Bildungsinstitutionen. Dies verstärkt die Schwäche der südlichen Regionen gegenüber den Industriestaaten zusätzlich. (Langthaler, 2005, S. 170

Land/Region	Insgesamt 1999	2005
	Zahlen in %	
Industrieländer	55%	66%
Entwicklungsländer	11%	17%
Afrika südlich der Sahara	4%	5%

Abbildung 6: Durchschnittliche Inskriptionsraten Tertiärbildung 1999 und 2005 (Quelle: Eigene Darstellung, Daten entnommen aus EFA Global Monitoring Report 2008, UNESCO, 2007a, S.322)

Natürlich müssen auch die sozialen, regionalen und gesellschaftsspezifischen Unterschiede zwischen den einzelnen Ländern berücksichtigt werden, die meist weitaus schlechter sind als jene der Industrieländer und folglich die vergleichbaren Werte verschlechtern. (Langthaler, 2005, S. 160) Überdies ist es notwendig zu erwähnen, dass das reine Messen von Zahlen nichts über die Qualität der Bildung aussagt. Es kann mithilfe dieser Indikatoren, welche die Finanzinstitutionen als Anhaltspunkt benützen, nicht gemessen werden, wie gut die SchülerInnen nun wirklich lesen, schreiben oder rechnen können bzw. ob die Lerninhalte tatsächlich verstanden oder beispielsweise nur auswendig gelernt werden. (vgl. Brock-Utne, 2000. S.9f)

Die staatlichen Bildungsausgaben, gemessen am Bruttosozialprodukt, sind in den afrikanischen Staaten südlich der Sahara angestiegen, von knappen vier Prozent auf fünf Prozent (siehe Abb. 7). Dennoch sind, laut UNESCO, die Staatsausgaben für Bildung in den verschiedenen, afrikanischen Ländern sehr unterschiedlich. So investieren gewisse Länder beispielsweise elf Prozent (z.B.: Botswana), andere hingegen nur weniger als zwei Prozent (z.B.: Kamerun). (UNESCO, 2007b, S. 8) Werden die Industrieländer und die Entwicklungsländer betrachtet, beträgt der Unterschied der Staatsausgaben für Bildung im Jahr 2005 weniger als ein Prozent. Es darf dabei jedoch nicht vergessen werden, dass die sozialen, regionalen und gesellschaftsspezifischen Unterschiede enorm sind. So sind die Industrieländer gegenüber den Entwicklungsländern strukturell und qualitativ besser gestellt.

Land/Region	Insgesamt 1999 Zahlen in %	2005
Industrieländer	5%	5,5%
Entwicklungsländer	4,4%	4,7%
Afrika südlich der Sahara	3,7%	5%

Abbildung 7: Staatsausgaben für Bildung in durchschnittlichen Prozentwerten gemessen am Bruttosozialprodukt (Quelle: Eigene Darstellung, Daten entnommen aus EFA Global Monitoring Report 2008, UNESCO, 2007a, S.354)

Gründe für die großen Unterschiede zwischen den Industriestaaten und den Entwicklungsländern beruhen zum Großteil auf historischen Ereignissen. Dabei spielt die asymmetrische Machtverteilung

und die damit einhergehende Abhängigkeit der Entwicklungsländer von den Industriestaaten die Hauptrolle.

Als die afrikanischen Staaten in den 1980er Jahren einen wirtschaftlichen Einbruch erlitten, geraten sie unter den Druck der internationalen Finanzinstitutionen (Weltbank und IWF). Strukturanpassungsprogramme müssen durchgeführt werden, um weitere Kredite zu bekommen. Auch das Bildungssystem, vor allem der tertiäre
Bildungsbereich, war davon betroffen, indem es enormen finanziellen Einschränkungen unterworfen wurde. Ob sich dies aus nationaler Sicht als sinnvoll erwies oder nicht, wurde von den Institutionen nicht berücksichtigt. Die Folgen waren LehrerInnenmangel,
Budgetkürzungen und Einführung von Schulgebühren. Daraufhin
sanken im Primarschulbereich die Einschulungsraten. Aufgrund
der vernachlässigten höheren Bildung verschlechterten sich folglich die Rahmenbedingungen für die LehrerInnenausbildung, sowie die Lehrpläne und Lernmaterialien in afrikanischer Sprache,
mit nationalen, bedeutsamen Inhalten. (Langthaler, 2005, S. 157f)

Anfangs setzten die Finanzinstitutionen auf die Förderung der
Primarbildung, die Sekundar- und Tertiärbildung wurden stark
vernachlässigt. Begründet wurde dies mit dem Argument, dass
Investitionen in den Primarbereich wirtschaftlich rentabler wären.
Die tatsächlichen Auswirkungen der Strukturanpassungsprogramme, bzw. eine Überlegung der Auswirkungen auf die Entwicklungsländer wurde von Seiten der globalen Akteure nicht hinterfragt. Seit Ende der 1990er Jahren änderten die Finanzinstitutionen aufgrund der internationalen Entwicklungen ihre Strategie
und erkannten, dass die Förderung von Tertiärbildung in den
Entwicklungsländern durchaus wichtig sei. Dies ist auch mit einem
gewissen Druck durch internationale UNO-Konferenzen verbunden, die Bildung zu einem zentralen Thema der internationalen
Entwicklungsarbeit machen. So erkennt die Weltbank, dass Wissen
ein wesentliches Kapital sei und fördert aus diesem Grund auch in
den Entwicklungsländern, vor allem auch in südlichen Ländern,
die Tertiärbildung. Dennoch ist in den Handlungen der Weltbank

und des IWF zu erkennen, dass die ökonomischen Kriterien Priorität haben und die gesellschaftspolitischen Funktionen von Bildung vernachlässigt werden. (Langthaler, 2005, S. 158f)

Die Abhängigkeit der Entwicklungsländer von den globalen Akteuren führt dazu, dass die nationalen Regierungen angestrebte Bildungsziele nur begrenzt durchführen können, da sie für die Umsetzung finanzielle Unterstützung benötigten. Wie zu erkennen ist, wird das Mitspracherecht über die Struktur und Entwicklung eines Landes von der finanziellen Lage abhängig gemacht. Die Situation gerät so zusätzlich in einen gewissen Machtkampf. Dieser Machtübergriff ist nicht zuletzt eine Folge der Durchsetzung der neoliberalen Ideologie. Die fortschreitende weltweite, neoliberale Entwicklung spielt eine wesentliche Rolle bei der Verstärkung der Ungleichheit der Industrie- und Entwicklungsländer. Wie im Laufe dieser Arbeit schon dargestellt wurde, ist besonders der Bildungsbereich in den letzten Jahrzehnten von neoliberalen Einflüssen betroffen. Die steigende Bedeutung der Humankapitaltheorie und der damit einhergehende Liberalisierungstrend der Bildung, sind Folgen dieser Entwicklung. So soll der Bildungssektor zunehmend von staatlicher Verantwortung getrennt und für den privaten Sektor geöffnet werden. Dies bedeutet, dass die Bildung zu einer Dienstleistung umgeformt wird. Hier kommt das im vorhergehenden Kapitel erwähnte GATS-Abkommen der WTO zur Anwendung.

Besonders für die afrikanischen Länder südlich der Sahara stellen diese Strukturanpassungsprogramme der GATS-Bestimmungen eine mögliche Gefahr dar. Dennoch befürworten manche Entwicklungsländer das GATS, weil darin eine Alternative zu einem völlig unregulierten Handel gesehen wird. Im südlichen Afrika wird vor allem der berufliche Weiterbildungssektor von Erwachsenen und jener der höheren Bildung, ausländischen Bildungsdienstleistungen unterworfen. Obwohl auch im Primar- und Sekundarbildungssektor zum Teil Liberalisierungstendenzen zu erkennen sind, wird vor allem der Primarbildungs-sektor von öffentlichen Bildungsinstitutionen gelenkt, um eine flächendeckende Versorgung zu gewährleisten.

Nichtsdestotrotz sind die Ökonomisierungstendenzen anhand von Rationalisierungen im Bildungsbereich zu erkennen. Dies macht sich vor allem anhand der Kürzung der LehrerInnengehälter im öffentlichen System sowie der Einschränkung der Ressourcen für die LehrerInnenausbildung bemerkbar. Diese Kürzungen werden auch als Bedingung von den Finanzinstitutionen auferlegt. Die finanziellen Beschränkungen gehen einher mit qualitativen Einbußen. Als Folge der Liberalisierung kann die Emigration von LehrerInnen aus Entwicklungsländern in finanziell besser gestellte Länder (meist englischsprachige Länder) gesehen werden. Dieser Liberalisierungstrend ist besonders in der Tertiärbildung sowie in der Berufs- und Erwachsenenbildung in den Entwicklungsländern zu erkennen. Der Migrationsfluss wird durch die GATS-Bestimmungen sogar unterstützt. Aus diesem Grund kann ein Widerspruch in den Zielen der GATS-Bestimmungen und den gesetzten Maßnahmen erkannt werden. Eine Abwanderung der LehrerInnen aus den Entwicklungs-ländern führt wirtschaftlich betrachtet zu einer negativen Entwicklung des Landes, und der ohnehin schon bestehende LehrerInnenmangel wird verschärft. Wirtschaftlich profitieren dabei vor allem die Industrieländer. Einerseits durch den Zuwachs an Humankapital und andererseits durch die Verbreitung der neoliberalen Denkweise, die durch die Inanspruchnahme des westlichen Bildungsangebotes vermittelt wird. Die Entwicklungsländer können aufgrund dieser Trends dem internationalen Wettbewerb kaum standhalten. (Langthaler, 2005, S. 158f)

Die Auswirkungen der Maßnahmen der Finanzinstitutionen gehen soweit, dass beispielsweise die staatliche Schulbuchindustrie aufgrund des Liberalisierungsdrucks der Finanzinstitutionen in der Hand ausländischer Verlagskonzerne ist. Daraus folgt, dass die staatliche Unterrichtsbehörde die öffentliche Kontrolle über die Lerninhalte und Lehrpläne der Primar- und Sekundarschulstufe zu verlieren droht bzw. nicht garantieren kann. Überdies werden lokale Verlagskonzerne sowie die Schulbuchindustrie stark geschwächt, da der Großteil ihrer Aufträge aus Schulbüchern besteht. Entfallen diese Aufträge wird die Wettbewerbsfähigkeit geschwächt und die Überlebensfähigkeit des lokalen Unternehmens ist stark gefährdet. Somit können auch hier wieder zahlreiche, negative wirtschaftliche Entwicklungen erkannt werden. Zum einen wird die lokale Industrie geschwächt, da sie Produktionseinbußen auf sich nehmen muss. Zum anderen wird die Qualität des Bildungssystems geschwächt, da die Lehr- und Lerninhalte nicht auf die afrikanischen Gegebenheiten angepasst werden. Die afrikanische Bevölkerung weist viele unterschiedliche Ethnien und Sprachen auf. Die individuelle Struktur und Kultur der afrikanischen Staaten, die sich länderspezifisch auch stark voneinander unterscheiden, wird nicht berücksichtigt. Vor allem die Sprache stellt - aufgrund des kolonialen Hintergrundes - ein besonderes Problem dar. Somit leidet die Bildung der afrikanischen Bevölkerung stark unter dem Einfluss der westlichen Industrieländer und deren neoliberaler Denkweise. (Brock-Utne, 2000, S10ff)

Es sind in der Grundschulbildung im Jahresvergleich zwar quantitative Verbesserungen zu erkennen, dennoch mangelt es meist an Qualität. Dies ist anhand der Schulabbruchquoten und am fehlenden Lernerfolg zu erkennen. Eine Rechtfertigung gründet, übergeordnet natürlich, auf fehlenden finanziellen Mitteln. Die Rahmenbedingungen werden an die finanzielle Situation angepasst, was in diesem Fall LehrerInnenmangel, hohe KlassenschülerInnenzahlen, schlechte Infrastruktur und Ausstattung, sowie fehlendes oder mangelndes Lehrmaterial und schwierige familiäre und soziale Verhältnisse (besonders in den ruralen Gebieten) mit sich bringt. Erschwerend kommen noch starke gesundheitliche Einschränkungen (z.B.: AIDS/HIV) hinzu. Diese Bedingungen beeinflussen dement-sprechend die Unterrichtsqualität. (vgl. Langthaler, 2005, 162f)

Letztendlich kann festgestellt werden, dass die von den Finanzinstitutionen vorgegebenen Lehrinhalte, die in einer Unterrichtssprache vermittelt werden, welche die afrikanischen Kinder kaum verstehen, den Schulerfolg deutlich mindert bzw. ohnehin zu Schulabbruch führt. Dass eine formale Schulbildung, die nicht an die Lebensumstände der Kinder angepasst wird, bedeutungslos ist und für eine spätere Erwerbstätigkeit keinen Sinn macht, ist einleuchtend. (Brock-Utne, 2000, S. 11f)

Einen weiteren wesentlichen Liberalisierungspunkt im tertiären Bereich umfasst die Eröffnung von Bildungsdienstleistungen ausländischer AnbieterInnen. Dies kann einerseits positiv gesehen werden, da ein zusätzliches Bildungsangebot entsteht, das von staatlicher Seite aus finanziellen Gründen nicht erbracht werden könnte. Überdies könne aufgrund dessen das Bildungssystem des Landes modernisiert und so stärker an die Bedürfnisse des Arbeitsmarktes angepasst werden. Auf der anderen Seite wird Widerstand geleistet, weil diese Privatisierungen soziale, bildungs- und demokratiepolitische Risiken mit sich bringen. Die privaten Bildungsinstitutionen äußern sich sozial selektiv aufgrund von Studiengebühren, die auch in südlichen Ländern eingeführt werden. Dies erschwert bzw. verweigert den ärmeren Schichten den Zugang zu höherer Bildung. Der Bereich fördert in Folge der Ökonomisierung lediglich jene Bereiche, die ökonomisch von Vorteil sind. Beispielsweise werden technikintensive Fachrichtungen privatisiert, geistes- und sozialwissenschaftliche Disziplinen, hingegen bleiben den öffentlichen Institutionen erhalten. Auf demokratiepolitischer Ebene führt der Liberalisierungstrend dazu, dass vorwiegend der Markt und nicht der Staat für die Entscheidung der Bildungsinhalte zuständig ist. Vor allem in den südlichen Ländern wie z.B.: Afrika, haben die Länder aufgrund der staatlich schwachen Struktur kaum die Möglichkeit, regulierende Rahmenbedingungen zu schaffen. Darunter leidet folglich die Bildungsqualität. Darüber hinaus verstärkten die internationalen Abkommen wie GATS diese Schwierigkeiten, da im Falle von Rechtsstreitigkeiten das jeweilige Land für Kosten aufzukommen hat und in weiterer Folge eventuell auch noch Kompensationszahlungen zu leisten sind. (Langthaler, 2005, S. 171ff)

Die strukturelle, wirtschaftliche Abhängigkeit sowie die internationalen Kräfteverhältnisse zwischen den Entwicklungsländern und den Industriestaaten schränken die bildungs-politischen und finanziellen Gestaltungsmöglichkeiten stark ein und verhindern die Möglichkeit, eine eigenständige Bildungspolitik aufzubauen. Durch die zunehmende Ökonomisierung des Bildungsraumes und die damit einhergehende Unterwerfung der neoliberalen Wirtschaftsordnung, wird der Gestaltungsraum im Bildungsbereich für die Entwicklungsländer enorm klein. Zusätzlich verstärkt der ungleiche Wettbewerb auf dem globalen Bildungsmarkt den Zugang zu Bildung, sowie die Bildungsqualität für sozial schwache Bevölkerungsgruppen. Diesen Entwicklungen zufolge werden die sozialen Gegensätze nicht verbessert, sondern im Gegenteil reproduziert und verschärft. (Langthaler, 2005, S. 174)

Es macht den Anschein, dass die globalen Akteure ihre Maßnahmen so setzen, dass nicht das eigentliche Ziel, nämlich die Armut zu verringern und das Land in eine bessere wirtschaftliche Situation zu bringen, erreicht wird. Im Gegenteil: die Länder geraten dabei in einen Teufelskreis. Zum einen benötigen sie finanzielle Unterstützung, um die wirtschaftliche Situation in den Griff zu bekommen, zum anderen behindern in Wahrheit jedoch die vorgeschriebenen Maßnahmen der Weltbank, des IWF und der WTO diese Entwicklung. Jene Sektoren, die finanziell und strukturell Unterstützung benötigen würden, werden vernachlässigt bzw. deren Bedingungen sogar verschlechtert. (Langthaler, 2005, S. 174)

Josef Stiglitz, ein Ökonom und ehemaliger Mitarbeiter der Weltbank, stellt in seinem Buch „Die Schatten der Globalisierung", die große Macht der globalen Akteure dar. Er beschreibt, dass der IWF die Kredite zu einem wirtschaftspolitischen Instrument macht, weil die Kreditkonditionen über ökonomische Auflagen hinausgehen und viele andere Politikfelder miteinbezieht. (vgl. Stiglitz, 2004)

„Studien der Weltbank und anderer Institutionen belegen nicht nur, dass die Kredite sinnvoll eingesetzt wurden und dass die Wirtschaft schneller wuchs, sondern darüber hinaus, dass sie in der Regel weitgehend wirkungslos blieb. Eine gute Wirtschaftspolitik lässt sich eben nicht kaufen." (Stiglitz, 2004, S. 69) Das heißt, dass für die sinnvolle Verwendung eines Kredits zwar Auflagen erteilt werden können, diese Auflagen müssen sich aber politischer Macht entziehen, um die eigentlichen Ziele für die Entwicklungsländer erzielen zu können.

Letztendlich ist zu erkennen, dass jene Länder, die ökonomisch gesehen über eher kleine und instabile Märkte verfügen, benachteiligt sind gegenüber wirtschaftlich interessanteren Ländern. Besonders die Region Afrikas südlich der Sahara, verfügt über viele Gebiete, die wirtschaftlich wenig interessant sind. Dies beeinflusst folglich auch die Entwicklung der Bildung negativ, da die finanzielle Unterstützung ausbleibt. Dennoch soll an dieser Stelle erwähnt werden, dass nicht ausschließlich nur Weltbank, IWF und WTO an der Bildungsentwicklung der Entwicklungländer beteiligt sind, sondern dass auch NGOs, Missionsschulen oder andere religiöse Schulen Bildungsunterstützung leisten. So tragen vor allem die profit-orientierten Institutionen zur Bildungsökonomisierung bei.

7.2. Bildungsentwicklung in Europa: Umsetzung der Bologna-Erklärung in Deutschland

Dieser Abschnitt zeigt die Ziele und Absichten der Bologna-Erklärung, sowie die gesetzten Maßnahmen und deren Auswirkungen der Hochschulpolitik am Beispiel von Deutschland. Deutschland wird hier aus einem bestimmten Grund als Beispiel herangezogen, da es als Hauptakteur der Einführung des Bologna-Prozesses gesehen wird, die Implementierung im eigenen Land jedoch eher zögerlich vor sich geht. Überdies weist Deutschland in der Implementierung des Bologna-Systems einige Eigenheiten auf, die in keinem anderen Land Europas anzutreffen sind. Die Gründe für die Umsetzung der Bologna-Erklärung und die damit einhergehenden Probleme werden im Folgenden erläutert.

Die Hauptintention der Bologna-Deklaration war es, einen einheitlichen europäischen Hoch-schulraum zu schaffen. Neben Frankreich gilt Deutschland als ein Hauptakteur der Bologna-Erklärung. Der Grundstein dafür wurde in der Sorbonne-Deklaration im Jahr 1998 gelegt. Die Bologna-Deklaration wurde schließlich im Jahr 1999 von MinisterInnen aus 29 Ländern unterzeichnet. Im Jahr 2001 trat letztlich die Europäische Kommission als Mitglied der Deklaration bei. (Wuggenig, 2008, S. 123f) Mittlerweile haben sich 47 Länder der Vereinbarung angeschlossen. (Exekutivagentur Bildung Audiovisuelles und Kultur, 2012, S. 7)

Wie oben schon erwähnt, wird als Hauptziel die Einführung vergleichbarer, verständlicher Abschlüsse gesehen. Dafür wird ein zweistufiges System eingeführt. Der erste Zyklus dauert mindestens drei Jahre und schließt mit einem Zertifikat ab, das für den europäischen Arbeitsmarkt eine wesentliche Qualifikationsebene darstellen soll. Voraussetzung für den Antritt des zweiten Zyklus ist die erfolgreiche Beendigung des ersten Zyklus. Ein weiteres Ziel ist die Einführung eines Leistungspunktesystems, welches dem ECTS-System der OECD, ähnlich ist. (Bundesministerium für Bildung und Forschung, 1999, S. 3f)

Es wird davon ausgegangen, dass die Universitäten als wissensbasierte Institution eine entscheidende Rolle im wirtschaftspolitischen Geschehen einnehmen. Die gesetzten Maßnahmen der Bologna-Erklärung sollen vor allem auch die in der Lissabon-Strategie verfolgten Ziele unterstützen und dazu beitragen, Europa zu einem wettbewerbsfähigen, dynamischen und wissensbasierten Wirtschaftsraum zu machen. (Wuggenig, 2008, S. 125)

Die in der Bologna-Erklärung gesetzten Ziele waren für Deutschland nicht ganz neu. So wurde beispielsweise die Umstellung auf ein zweizyklisches System schon vor der Bologna-Erklärung eingeführt. Aus diesem Grund wird behauptet, dass Deutschland die

Erklärung dafür nutzt, dass die Veränderungen national besser durchsetzbar sind. Mit dem Zwei-Zyklen-System wird vor allem Internationalisierung und Europäisierung angestrebt. Auch die Amerikanisierung spielt bei der Implementierung der Anordnung eine zentrale Rolle, denn es orientiert sich stark am amerikanischen System, verglichen mit den Abschlüssen „under-graduate" und „graduate". Die Orientierung am US-amerikanischen Universitätssystem verstärkte sich im den 1990er Jahren, als die Arbeitslosigkeit in Deutschland hoch war, die Wirtschaft in den USA jedoch florierte. Ein wesentlicher Grund für die bessere wirtschaftliche Leistung der USA wurde im Bildungssystem gesehen. Dies war der Anlass dafür, warum das amerikanische Bildungssystem an Attraktivität gewann. (Wuggenig, 2008, S. 30, 138ff)

Aufgrund der Reformierung geschieht - beginnend in den 1990er Jahren - auch eine Strukturveränderung. Neben einer Ausweitung von Positionen an Hochschulen bewirkt diese Reformbewegung gleichzeitig einen Kohorteneffekt, der fast die Hälfte der akademischen Lehrkörper bis zum Jahr 2005 ausscheiden lässt. Diese Veränderungen des Reform-diskurses können strategisch gut genutzt werden. Das neue Personal und die international orientierten Strukturen lassen einen Wettbewerb entstehen. (Wuggenig, 2008, S. 143f)

Diese Veränderung und der damit entstehende Wettbewerb führen dazu, dass zwischen 1996 und 1998 Vergleichsstudien und Rankings deutscher Universitäten gemacht werden. Es handelt sich hierbei um Rankings, die sich dem wissenschaftlichen Diskurs deutlich entziehen, somit empirisch wenig fundiert sind. Propagiert werden die Ergebnisse von Massenmedien. Diese Zeit war geprägt von einem Wandel, dem durchdachte, politisch-ökonomische Interventionen zugrunde liegen. Dabei wird auf gezielte Propagandatechniken (siehe Kapitel 6) zurückgegriffen. Medien und Journalismus bewirken durch die Verbreitung schlechter Kritik an Lehrpersonal und Bildungsinstitutionen einen ablehnenden und negativen Charakter, der folglich zu gesetzlichen Veränderungen führt. So wird propagiert, dass durch die gesetzten Reformen Deutschlands Universitäten wieder wettbewerbsfähig gemacht würden und der Wirtschaftsstandort dadurch gesichert sei. (Wuggenig, 2008, S. 142f) Überdies soll die Einführung neuer Abschlüsse die Studienzeit verkürzen, Abbrecherquoten senken, Interdisziplinarität erhöhen und Studieninhalte sollen sich mehr an den Interessen der Studierenden orientieren. (Witte, 2006, S. 22)

Verstärkt werden dieser Wandel und die Einstellung der Bevölkerung durch PolitikerInnen, wie beispielsweise durch den damaligen Bundesbildungsminister von Nordrhein-Westfalen Jürgen Rüttgers, der mittels ökonomisch orientierten Statements argumentierte und propagierte, dass Deutschlands Hochschulen bzw. Wissenschaft und Forschung als zentrale Standortfaktoren für Deutschland gelten. Da die Studierendenzahl in wirtschaftlich starken Regionen in den letzten Jahren nicht angestiegen ist, wird die Wettbewerbsfähigkeit als gefährdet angesehen. (vgl. Wuggenig, 2008, S. 143) Diese und andere Argumente sollen Anlass dazu sein, sich an Hochschulsysteme anderer Länder zu orientieren und anzunähern. Dabei bietet sich das angelsächsische Modell, welches von vielen Ländern mit guter wirtschaftlicher Lage angewendet wird, als Orientierung an. (Wuggenig, 2008, S. 144)

Diese Ereignisse führen noch vor der Bologna-Erklärung zu gewissen Umstrukturierungen im deutschen Hochschulsystem die für den späteren Bologna-Prozess grundlegende Entscheidungen darstellen. So fand 1998 die Probeweise Einführung von Bachelor- und Master-Abschlüssen parallel zum traditionellen System statt. Der Bachelorabschluss, der den ersten Zyklus darstellt, dauert drei bzw. maximal vier Jahre. Der Masterabschluss bzw. zweite Zyklus, soll maximal zwei Jahre dauern. Die Gesamtdauer ergibt demzufolge fünf Jahre. Dem damaligen Bildungsminister Rüttgers wird bei der Novelle zum Hochschulrahmengesetz 1998 eine Ausrichtung an ökonomischen Wünschen und Prinzipien nachgesagt, welche Wettbewerbsfähigkeit, Qualitätsverbesserung, Effizienz, finanzielle Autonomie, usw. von Hochschulen fördert. Diese Orientierung stieß zu jener Zeit auf keine große Kritik, da die Idee mittels Propagandastrategien so verbreitet wurde, dass die breite Masse sie akzeptierte. (vgl. Wuggenig, 2008, S. 145f)

Die Reformdebatte war vor allem von drei großen Themenpunkten betroffen: Zum einen soll der Abschluss des Bachelors einen berufsqualifizierenden Abschluss darstellen, sowie den Zugang zum Master gewähren. Eine weitere Weichenstellung vor der Bologna-Erklärung stellt die Annäherung von Universitäten und Fachhochschulen dar, sowie die Schaffung eines Akkreditierungssystem, welches dezentral und letztlich wettbewerbsfördernd ist. (Witte, 2006, S. 23)

Die Folgen dieser Umstrukturierung waren die Verlängerung der Studiendauer bis zum Masterabschluss, im Vergleich zum klassischen Diplom- bzw. Magisterabschluss. Der Bachelorabschluss gilt als Abschluss mit Berufsqualifikation sowohl von FachhochschulabsolventInnen als auch von UniversitätsabsolventInnen. Dies führt dazu, dass die Hochschultypen (Fachhochschulen und Universitäten) sich immer mehr gleichen. (Wuggenig, 2008, S.147f) Die Annäherung der beiden Hochschultypen macht sich auch darin bemerkbar, dass die Masterabschlüsse nicht mehr nach Hochschularten getrennt werden. Der Abschluss auf Master - Niveau wird nicht mehr zwischen Universitäten und Fachhochschulen unterschieden. Auch die Unterscheidung zwischen theorieorientierten Universitäten und praxisorientierten Fachhochschulen wurde damit aufgebrochen. (Witte, 2006, S. 24)

Entscheidende Veränderungen durch die Sudienreform werden auch in der Entwicklung von Studiengängen erkannt. So können nun Studiengänge in Deutschland nicht mehr wie üblich von den zuständigen Ministerien auf Länderebene ermächtigt werden, die mitunter große Freiräume gewährten. (Wuggenig, 2008, S.147)

Im neuen System ist es vorgesehen, ein Credit-Point System sowie eine Modularisierung einzuführen. Dies erleichtert die Möglichkeit von Leistungskontrollen. Das Humankapitalkonzept bildet die

Grundlage für das neue System. So investiert der/die StudentIn in die Ausbildung, welche in Form von Credits zu messen ist. Ökonomische Kriterien können dabei besser verfolgt und kontrolliert werden. Ein „Credit-Point"-System dient zur besseren Messung der Leistung. Auch ein Akkreditierungssystem, mit einer Probephase von drei Jahren, wurde eingeführt. Es soll dazu dienen, vergleichbare Qualitätsstandards zu gewährleisten. (Wuggenig, 2008, S.147f)

Das Akkreditierungsverfahren ist eine Eigenheit in Deutschland, das es in dieser Form in keinem anderen Land gibt.

„Bachelor- und Masterstudiengänge sind zu akkreditieren. Die Vorgaben sind gem. § 2 Abs. 1 Nr. 2 des Gesetzes zur Errichtung einer Stiftung „Stiftung zur Akkreditierung von Studiengängen in Deutschland" (GV.NRW.2005 S.45) bei der Akkreditierung zugrunde zu legen. Sie richten sich daher unmittelbar an den Akkreditierungsrat und die Akkreditierungsagenturen. Gleichzeitig dienen sie den Hochschulen als Grundlage (Orientierungsrahmen) für Planung und Konzeption von Studiengängen, die der Akkreditierung unterliegen." (Kultusministerkonferenz, 2010, S. 1)

In Deutschland übernimmt der Akkreditierungsrat die Verantwortung zur Qualitätssicherung der Hochschulen. In einem dezentralen Akkreditierungssystem beglaubigt und überwacht der Akkreditierungsrat Akkreditierungsagenturen, die untereinander im Wettbewerb stehen. (Witte, 2006, S.25)

Das Akkreditierungsverfahren beinhaltet Peer-Review Prozesse, also Begutachtungsprozesse. So werden die deutschen Universitäten nach bestimmten Kriterien analysiert. Dabei gibt es hohe administrative und finanzielle Voraussetzungen, wie beispielsweise die detaillierte Beschreibung der Module und Curricula. Überdies müssen Bachelor-Programme die Beschäftigungsfähigkeit der AbsolventInnen nachweisen können. Abgesehen davon, bedeutet ein Akkreditierungsverfahren für eine Hochschule eine große finanzielle Belastung, denn eine Akkreditierung kostet etwa 13.000 Euro pro Studiengang. (Wuggenig, 2008, S. 135)

Aufgrund von Peer-Review-Prozessen werden Vergleiche aufgestellt, welche im Anschluss öffentlich gemacht werden. So wird ein gewisser Druck aufgebaut, der dazu führt, das Verhalten bzw. die Strukturen einem gesetzten Standard anzupassen. Auch diese Methode unterwirft sich den oben erwähnten Propagandatechniken. Peer-Review-Prozesse stellen auch in der internationalen Bildungspolitik der OECD eine besondere Rolle dar, um Einflussmöglichkeiten auf nationale Bildungssysteme zu erhalten, dies wird beispielsweise anhand der PISA-Vergleichsstudien (siehe Kapitel 6) deutlich. (Krautz, 2011, S. 61)

Die Einführung des Bologna-Prozesses bringt einige Kritikpunkte mit sich. So scheint es besonders in Deutschland schwierig, die gesetzten Ziele der Bologna-Erklärung zu erreichen. Dies mag einerseits mit dem unverbindlichen Charakter der Erklärung zusammenhängen. Andererseits weist Deutschland mit dem föderalen System, das den Bundesländern viel Autonomie einräumt, ein verzweigtes System auf, das die Implementierung der Bologna-Ziele und somit die Schaffung eines einheitlichen Bildungsraumes erschwert. Erst mit der nationalen, gesetzlichen Verankerung sind die Ziele verbindlich. (Wuggenig, 2008, S. 127) Die Entstehung der Probleme über die Umsetzung der Bologna-Ziele in Deutschland sind zum Großteil auf die Reformbeschlüsse im Jahr 1998 zurückzuführen, die eine Vorbereitung zur Bologna-Erklärung darstellen.

Eines der größten Probleme wird darin gesehen, dass die Strukturen nicht entsprechend angepasst werden. So stellt der berufsqualifizierende Bachelorabschluss für Absolventen dahingehend ein Problem dar, als die Arbeitsmarktstrukturen teilweise nicht darauf abgestimmt sind. So verlangen viele Berufsbilder einen Abschluss auf Masterniveau. Um das dreijährige Bachelorstudium arbeitsmarkttauglich zu machen, sind curriculare Reformen notwendig. (Witte, 2006, S. 23)

Eine ähnliche Situation tritt beim Zugang zum Masterstudium ein. So wurde in der Kultusministerkonferenz 2003 und in Folge 2010 beschlossen, dass neben einem berufsqualifizierenden Hochschulabschluss noch weitere Zugangsvoraussetzungen beschlossen werden können, wie beispielsweise eine Eingangsprüfung. *„Zur Qualitäts-sicherung oder aus Kapazitätsgründen können für den Zugang oder die Zulassung zu Masterstudiengängen weitere Voraussetzungen bestimmt werden. Die Zugangs-voraussetzungen sind Gegenstand der Akkreditierung."* (Kultusministerkonferenz, 2010, S. 4)

Bezüglich der Angleichung von Universitäten und Fachhochschulen wird kritisch angemerkt, dass die beiden Hochschultypen nun zwar gleiche Grade vergeben, die dahintersteckenden institutionellen Bedingungen aber nicht angepasst werden. Das heißt, dass beispielsweise die Qualifikationen der Hochschullehrer, sowie die Zugangsvoraussetzungen zum Studium und auch die Finanzierungsmodalitäten zwischen den Hochschultypen stark variieren. (Witte, 2006, S. 25)

Ein Hauptproblem wird im Akkreditierungsverfahren gesehen; aus diesem Grund bietet es auch Anlass für viel Kritik. So wird bemängelt, dass die Einführung von Akkreditierungsverfahren eine Eigenheit des deutschen bildungspolitischen Systems darstellt. Somit ist dies kein direktes Ziel der Bologna-Erklärung, sondern ein Nebeneffekt davon, der bürokratische und finanzielle Probleme mit sich bringt. Diese Tatsache ist aber in Diskussionen meist nicht bewusst bzw. argumentativ nicht präsent.

Der Deutsche Hochschulverband benennt einige Kritikpunkte. Darunter fallen vor allem

- *„unzureichende Qualifikation der Gutachter,*
- *unzureichende Qualifikation und fehlendes Verständnis für universitäre Abläufe bei Mitgliedern der Akkreditierungsagenturen,*
- *Scheinverfahren ohne Aussagewert,*
- *überbürokratisiertes Verfahren,*

- *Kosten,*

- *Zertifizierung von Mindeststandards, keine Möglichkeit, Höchst-standards kenntlich zu machen und auszuweisen,*

- *Doppelung der Prüfungs- und Zulassungsverfahren in den meisten Bundesländern"*

- uvm.[12] (Deutscher Hochschulverband, 2010)

Eine grundlegende Kritik wird darin gesehen, dass einerseits die Autonomie der Hochschulen gefördert werden soll, auf der anderen Seite werden bürokratische Vorschriften verschärft. Somit entsteht ein gewisser Widerspruch, der das eigentliche Ziel der Qualitätssicherung verfehlt. (Deutscher Hochschulverband, 2010)

So sollen die Selbstbestimmung der Universitäten, welche demokratisch organisiert sind, auf ein autoritäres, unternehmerisches Führungs- und Kontrollsystem umfunktioniert werden. Aufgrund permanenter Überwachung durch privatwirtschaftlich orientierte Akkreditierungsagenturen wird die Kontrolle der Hochschulen vom öffentlich auf den privaten Bereich übertragen. Durch die Außensteuerung der Hochschulen ändern sich die Interessen und demzufolge auch der Qualitätsstandard. Die Reduktion der Bildung auf ökonomische Kriterien kann in den gesetzten Reformen klar erkannt werden. Wettbewerbsfähigkeit und Effizienz dominieren die Hochschulen und führen zur gewünschten, ökonomischen Qualität. (Krautz, 2007, S. 148ff)

Auch StudentInnen üben Kritik an der Studienreform bzw. am Bologna-Prozess. Die studentische Vereinigung „Freier Zusammenschluss von StudentInnenschaften" (fsz) macht darauf aufmerksam, dass aufgrund der strukturellen Kritik inhaltliche Ziele in den Hintergrund gedrängt werden. Denn die gesetzten Refor-

---

[12] Weitere Kritikpunkte siehe:
http://www.hochschulverband.de/cms1/780.html

men der letzten Jahre zielen vorwiegend auf strukturelle Veränderungen. Dabei übernimmt die Akkreditierung bei der Durchführung der Reformen die zentrale Rolle, obwohl sie eigentlich zur Prüfung von Mindeststandards gedacht wäre. Deutschland habe es übersehen, so argumentieren die StudentInnen, sich mit inhaltlichen Fragen auseinander zu setzen anstatt an strukturellen Veränderungen festzuhalten. Denn der Bologna-Prozess ist mittlerweile mehr *„als nur die Schaffung eines Systems leicht verständlicher und vergleichbarer Abschlüsse."* (Freier Zusammenschluss von StudentInnenschaften, FZS 2012)

Des Weiteren kritisieren die StudentInnen, dass Qualitätssicherung nicht durch die Einsparung finanzieller Mittel geschehen kann. Im Bildungsbereich sollte die Qualität der Bildung Priorität haben.

Überdies gehen die FZS auf ein weiteres Phänomen der deutschen Hochschulentwicklung ein. So wird stark davon abgeraten, weitere Akkreditierungsagenturen zu gründen und den dadurch entstehenden Wettbewerb innerhalb des Qualitätsprozesses voranzutreiben. Dies wird vor allem damit gerechtfertigt, dass durch diese Ankurbelung des Wettbewerbs nicht die Qualität im Vordergrund steht, sondern vielmehr die Erreichung von Marktmacht. Obwohl die Agenturen kostendeckend arbeiten müssen, haben sie eine gewisse wirtschaftliche Verpflichtung gegenüber MitarbeiterInnen. *„Alleine schon diese Notwendigkeit der Marktlogik steht an vielen Stellen einer tatsächlichen (wirtschaftlich, institutionell, politisch, ...) unabhängigen Bewertung im Wege."* (Freier Zusammenschluss von StudentInnenschaften, 2012)

Letztlich führen all diese Kritikpunkte zu dem Schluss, dass das deutsche Hochschulsystem aufgrund der wettbewerbsorientierten Akkreditierung über keine einheitlichen Studiengänge verfügt. Somit ist fraglich, wie ein einheitlicher, europäischer Hochschulraum geschaffen werden kann bzw. soll, wenn sich die einzelnen Studiengänge innerhalb des Landes schon stark unterscheiden. (Freier Zusammenschluss von StudentInnenschaften, 2012)

Anhand der Kritiken kann festgestellt werden, dass die globalen und europäischen Akteure großen Einfluss auf die nationalen Staaten und deren Bildungspolitik haben. Die USA mit ihrem bildungspolitischen ‚Vorzeigesystem' beeinflusst die europäische Bildungspolitik und diese wiederum die nationale Gesetzgebung. Obwohl die Bologna-Erklärung nicht bindend ist, berufen sich viele Staaten (so auch Deutschland) auf die Bestimmungen der Erklärung. Im Fall von Deutschland steht fest, dass die Umsetzung nicht zu den gewünschten Ergebnissen geführt hat. Dies hat, wie anhand der oben angeführten Kritikpunkte gezeigt wurde, verschiedene Gründe. Dennoch steht fest, dass nicht nur globale und europäische Akteure Einfluss auf die nationale Bildungspolitik haben, sondern auch die Hintergrundebene, sprich Konzerne, Stiftungen, Lobby-Gruppen, usw. große Macht auf bildungspolitische Entscheidungen ausüben. Die Gefährdung der hoheitlichen Stellung von Bildung durch die Hintergrundebene soll im nächsten Beispiel genauer erklärt werden.

7.3 Nationale Bildungsentwicklung: Die Bertelsmann Stiftung

Wie im vorhergehenden Kapitel dargestellt, entfernt sich der Staat immer mehr von bildungspolitischen Angelegenheiten und überträgt die Verantwortung außenstehenden Institutionen. Dies bietet nicht nur globalen bzw. europäischen Institutionen die Gelegenheit ihre Interessen durchzusetzen, sondern auch privatwirtschaftlich orientierte Organisationen sehen darin eine Chance, einen Nutzen für sich zu ziehen. Dieser Abschnitt zeigt die Macht und den Einfluss der Bertelsmann SE[13] bzw. der Bertelsmann Stiftung, auf das deutsche Bildungswesen.

Die Bertelsmann SE ist ein weltweit agierender Medienkonzern mit Ursprung in Deutschland. Das Medienunternehmen ist in rund 50

---

[13] Am 20.08.2012 wurde die Aktiengesellschaft in eine europäische Gesellschaft mit einer Kommanditgesellschaft auf Aktien als Komplementärin (SE & Co. KGaA) umgewandelt. Im Rahmen dieser Arbeit wird auf die neue Form der Gesellschaft nicht näher eingegangen.

Ländern vertreten und ist in den Unternehmensbereichen Fernsehen, Buch, Zeitschriften, Druck und Dienstleistungen tätig. Unter anderem gehört die RTL-Gruppe zum Konzern. Die Bertelmann SE erwirtschaftet im Geschäftsjahr 2012 einen Umsatz von rund 16 Milliarden Euro, einen Gewinn von 619 Millionen Euro und verzeichnet einen Mitarbeiterstand von 104.286 Personen. Die Anteile dieser SE teilen sich zwei Parteien, zum einen die gegründeten Stiftungen (Bertelsmann Stiftung, Reinhard Mohn Stiftung, BVG Stiftung) mit 80,9% und zum anderen die Familie Mohn mit 19,1%. (Bertelsmann SE & Co. KGaA, 2013)

Dass ein derart großer Konzern auch eine dementsprechende Einflussmacht im wirtschaftlichen Umfeld einnimmt, ist nachvollziehbar. Nicht nur die Größe hat Einfluss auf die Marktbeziehungen, sondern auch die Brancheninteressen, in denen das Unternehmen tätig ist. Die Kommunikationsbranche ist gekennzeichnet durch zahlreiche Fusionen. Der Grund dafür wird in einer wachsenden Wertschöpfungskette gesehen, die dazu beiträgt, dass verschiedene Medienbereiche von einem Unternehmen geleitet werden. Eine der weltgrößten Fusionen von Konzernen im Medienbereich war beispielsweise im Jahr 2000 zu beobachten, als sich Time Warner, der Internetanbieter AOL und der Musikkonzern Emi zusammenschlossen. Dies ermöglichte es dem neuen Konzern, Inhalte sowohl im Fernsehen und in Zeitschriften als auch in Medien-, Unterhaltungs-, und Nachrichtensparten, sowie zusätzlich im Internet zu verbreiten. (Schöller, 2001, S. 124)

Die dabei entstehende Einflussmacht auf gesellschaftliche Diskurse nimmt dadurch beträchtliche Dimensionen an. Die Fusionen führen auch dazu, dass die Medienkonzerne sich der Börse öffnen. Dies hat zur Folge, dass der Einfluss auf die Geschäftsprozesse sowie Geschäftsergebnisse zunehmend von außen, also von Aktionären bestimmt ist. Somit lastet der Erfolgsdruck auf den Kapital- und Vermögensmärkten, das heißt der Aktienwert wird zum zentralsten Entscheidungsmerkmal. (Bischoff, 2000)

Auch die Bertelsmann SE hat sich im Laufe der Jahre als vollständiges, börsennotiertes Unternehmen etabliert. Dies hat zur Folge, dass auch die Bertelsmann Stiftungen, die sich als wohltätige Institutionen profilieren, zunehmend von Kapital- und Vermögensmärkten bestimmt werden. Die Stiftungen nehmen so eine gewisse gesellschaftliche Machtposition ein, die sich aufgrund der wirtschaftlichen Machtstellung des Bertelsmann SE ergibt. Aufgrund der Macht- und Herrschaftsstrukturen entsteht ein bedeutender Einfluss auf öffentliche Diskussionen. So wird dem multinationalen Medienkonzern Bertelsmann nachgesagt, dass er entscheidenden Einfluss darauf hat, welche Interessen die Gesellschaft hat bzw. haben soll. Das heißt, es kann zu einem großen Ausmaß gesteuert werden, was die Bevölkerung liest, sieht und hört. (vgl. Schöller, 2001, S. 126f)

1977 gründete der Inhaber der Bertelsmann SE, Reinhard Mohn, die Bertelsmann-Stiftung. Jene stellt den größten Kapitaleigner der Bertelsmann SE dar und bezeichnet sich als wohltätig agierende Stiftung. (Bertelsmann Stiftung, 2013a) *„Die Werte, Freiheit, Solidarität, Menschlichkeit und der Glaube an den Wettbewerb bilden das Fundament der Stiftungsarbeit."* (Bertelsmann Stiftung, 2013b) Die Stiftung definiert sich als operative, konzeptionell arbeitende Institution. Sie begleitet ausschließlich jene Projekte, die selbst konzipiert und initiiert wurden. Die Bertelsmann Stiftung beschäftigt über 300 Mitarbeiter wovon 185 Personen direkt im Projektmanagement tätig sind. (Bertelsmann Stiftung, 2013c) Die Projekte umfassen nicht nur die Entwicklung von Lösungsvorschlägen und Konzepten, sondern auch die Implementierung dieser. (Bertelsmann Stiftung, 2013d) Das Hauptaugenmerk ihrer Arbeit legt sie auf *„bessere Bildung, eine gerechtere und effizientere Wirtschaftsordnung, ein vorsorgendes Gesundheitswesen, eine lebendige Bürgergesellschaft und wachsende, internationale Verständigung."* (Bertelsmann Stiftung, 2013e) Somit bilden die Felder Politik, Gesellschaft, Wirtschaft, Bildung, Gesundheit und Kultur die Hauptkategorien, in denen die Stiftung tätig ist. (Bertelsmann Stiftung, 2013f)

Die Motive des Stifters, Reinhard Mohn, sind zum einen, die Sicherung der Unternehmenskontinuität und zum anderen, ein demokratisches Engagement der BürgerInnen zu fördern. (Bertelsmann Stiftung, 2013i) Die Bertelsmann Stiftung definiert sich als „Motor", Reformen zu unterbreiten. Sie will politischen Entscheidungsträgern bei politischen Reformthemen beratend zu Seite stehen. „In ihrer Projektarbeit folgt die Bertelsmann Stiftung der Überzeugung des Stifters Reinhard Mohn, dass die Prinzipien unternehmerischen Handelns zum Aufbau einer zukunftsfähigen Gesellschaft beitragen können." (Bertelsmann Stiftung, 2013g)

Diese kurze Schilderung des Unternehmensbildes der Bertelsmann-Stiftung stellt einerseits eine wohltätige Institution dar, die andererseits auf wirtschaftliche Ziele ausgerichtet ist. So wird der Stiftung nachgesagt, dass die eigentliche Intention der Errichtung der Stiftung nichts anderes als eine Steuerumgehung gewesen sei, da Stiftungen aufgrund ihres gemeinnützigen Status steuerbefreit sind. Wird der Gewinn der Bertelsmann SE betrachtet, so wird jährlich eine beachtliche, steuerfreie Dividendenzahlung an die Stiftung abgefertigt. Die Stiftung setzt das Geld für wohltätig erscheinende Projekte ein, wodurch eine eigene, interne Politik entsteht, die von niemanden kontrolliert wird, weil sie als gemeinwohlorientiert charakterisiert ist. Die Bertelsmann-Stiftung investiert in Projekte, die letztendlich wirtschaftlich orientiert sind und belastet zusätzlich den Staat aufgrund der entgangenen Steuerschuld. (Bauer, 2007, S. 486f)

Die wirtschaftliche Orientierung der Stiftung ist vor allem in den operativen Projekten erkennbar, denn die Stiftung unterstützt keine anderen Non-profit-Unternehmen, sondern finanziert ausschließlich die eigenen, selbst initiierten und konzipierten Projekte. So definiert Bauer die Bertelsmann-Stiftung als „finanziell unabhängig, (sie, RH) unterliegt keiner externen Kontrolle und verfügt über einen sehr hohen Grad an wissenschaftlicher Manpower, Entscheidungsautonomie, organisatorischer Schlagkraft-; sowie an vielfältigen Vernetzungs-

kontakten hin zu Medien, Wirtschaft, Wissenschaft und Politik." (Bauer, 2007, S. 487)

Ein Hauptbereich der operativen Stiftungsarbeit umfasst den Bildungsbereich. Schwerpunkte werden dabei auf frühkindliche Bildung, Schule, Hochschule und Ausbildung, sowie lebenslanges Lernen gelegt. (Bertelsmann Stiftung, 2013h) Zu bedenken ist hierbei, dass die Tätigkeiten der Stiftung direkt auf die politische Ebene einwirken, da nicht nur politische Lösungsvorschläge entwickelt werden, sondern vor allem die Umsetzung jener als zentrales Ziel gilt. Somit hat die Stiftung zum einen, einen politischen Einfluss und greift überdies, aufgrund ihrer Machtstellung, auf demokratische Prozesse der Willensbildung und Entscheidungsfindung ein. (Bauer, 2007, S. 485)

Die Strategie der Bertelsmann-Stiftung zielt besonders im Bildungsbereich *„auf eine umfassende Kommerzialisierung von Wissenschaft, Informationsvermittlung, Lehren und Lernen; nicht zuletzt deshalb, weil der Medienkonzern sich auf diesen Feldern neue Märkte zu erschließen erhofft."* (Bauer, 2007, S.494)

Da die Stiftung als unabhängige, operative Institution tätig ist, die in gesellschaftspolitische Themenbereiche eingreift und politische Strategien formuliert, erinnert sie an einen Think-Tank ähnlichen Charakter. Die Stiftung erarbeitet mit Forschungsgruppen politische Strategievorschläge, die anhand von Kooperationen mit Politik, Wirtschaft und anderen Stiftungen umgesetzt werden. Ziel ist es aber, nicht nur Strategien vorzuschlagen, sondern konkrete Lösungsansätze durchzusetzen. Dafür bieten sich Print- und andere Medien wie Fernsehen, Internet, Film und Radio als Vermittlungsinstrumente gut an, die nebenbei, idealerweise vom Mutterunternehmen gesteuert, eingesetzt werden können. Die Machtstellung des Konzerns ermöglicht es, die abweichenden Ergebnisse der untersuchten Studien von der Allgemeinheit fernzuhalten. Zur Übermittlung an die Öffentlichkeit werden neben politischen VertreterInnen, Verbänden und Gewerkschaften auch JournalistInnen, RedakteurInnen und andere wichtige Personen im Medienbereich herangezogen, um Aufmerksamkeit und Akzeptanz zu erreichen. (Bauer, 2007, S. 495f) Durch diese Methoden verstärkt sich die Verbindung der Stiftung mit dem Medienkonzern der Bertelsmann-Familie nicht nur aufgrund der Namens- und Personengleichheit, sondern auch aufgrund inhaltlicher Verknüpfungen. (Bauer, 2007, S.497)

„Das Ergebnis ist eine von oben gesteuerte, in demokratischer Hinsicht mehr als fragwürdige Einheitspropaganda unter dem verbindenden Label einer gesellschaftlich angesehenen und von der Politik hofierten Stiftung." (Bauer, 2007, S. 495f) Die angestrebte, demokratische BürgerInnenbeteiligung wird dadurch nicht erreicht, vielmehr versucht die Stiftung durch Propagandamethoden ein hierarchisch, von einer Elite gesteuertes, Konzept durchzusetzen, das stark an die neoliberale Wirtschaftsordnung erinnert. (Bauer, 2007, S. 496)

1994 wurde von der Bertelsmann-Stiftung in Kooperation mit der Hochschulrektoren-konferenz das „Centrum für Hochschulentwicklung" (CHE) gegründet. Das CHE ist besonders im Hochschulbereich tätig und beteiligt sich aktiv an Bildungsdebatten. Leistungsvergleiche mittels internationaler Rankings werden als zentrales Mittel eingesetzt. Sie dienen zum Aufzeigen von Transparenz der Entwicklungen und Leistungen der Hoch-schulen und im Wissenschaftssystem. (CHE, 2013a) Das CHE setzt auf Eigenverantwortung der Hochschulen, um den nationalen und internationalen Wettbewerb stärken zu können. (CHE, 2013b)

Von den KritikerInnen wird dem CHE vor allem vorgeworfen, dass eine Entwicklung zur Dienstleistungsschule angestrebt wird, das heißt, die Hochschulen sollen sich zu einem wirtschaftlichen Betrieb umwandeln. So setzen sich auch in diesem Bereich die Leitlinien der Deregulierung, sowie Wettbewerbs- und Effizienzdenken durch. Die universitäre Ausbildung soll den Studierenden zur Wertsteigerung verhelfen und folglich soll es ihnen ermöglicht werden, ihre Ware Arbeitskraft (durch Bildung bzw. Ausbildung) zu verkaufen. Gleichzeitig wird der Wirtschaft verwertbares Wissen geliefert. Bildung wird hier meist mit fachlicher Qualifikation gleichgesetzt. Das Wettbewerbsdenken setzt sich durch, dadurch entsteht ein nationaler sowie internationaler Vergleichsdruck und das neoliberale Paradigma dominiert. (BertelsmannKritik, 2009)

Des Weiteren setzt sich das CHE, sowie die Bertelsmann Stiftung für Studiengebühren, bzw. AbsolventInnengebühren nach australischem Modell ein. In Deutschland sollen ab 2014 keine Studiengebühren mehr anfallen. Dennoch sucht das CHE nach Modellen, um die Hochschulen mittels Studiengebühren zu finanzieren, um so die öffentlichen Haushalte zu entlasten. (Püttmann & Müller, 2013, S. 2) In einer Studie von Püttmann und Müller, veröffentlicht durch das CHE, wird argumentiert, dass große Nachteile von Studienbeiträgen empirisch nicht bewiesen sind. Es gebe Risiken und Nebenwirkungen, die mit einer Einführung des australischen Modells anstehen könnten. Es wird aber darauf aufmerksam gemacht, dass Studiengebühren positiv zur Minderung der Unterfinanzierung der Hochschulen, sowie zu einer Qualitätssteigerung der Lehre und einer Verstärkung der Nachfrageorientierung beitragen. (Püttmann & Müller, 2013, S. 2f)

Die australische Variante wird vom CHE als mögliches Modell zur Implementierung in Deutschland qualifiziert. In Australien sind die Studiengebühren erst nach dem Studium zu bezahlen, wenn das Einkommen entsprechend hoch ist. Argumentiert wird, dass die Hochschulen dadurch finanziert werden können und für die StudentInnen kein finanzielles Risiko entsteht, somit entfällt die abschreckende Wirkung auf potentielle StudentInnen. Jörg Dräger, Vorstandsmitglied der Bertelmann Stiftung erklärt, dass dies *„eine sozial gerechte Lösung sei, da Akademiker* [sic] *in hohem Maße finanziell von ihrer Ausbildung profitierten. Eine Kostenbeteiligung der Absolventen* [sic] *erlaube es zudem, staatliche Ressourcen stärker in Kitas, Krippen und Ganztagsschulen zu konzentrieren, wo sich Chancen-gerechtigkeit in der Bildung entscheide."* (Dräger, 2013)

Allgemein erweckt die Studie den Anschein, dass die Einführung der AbsolventInnengebühren nach australischem Modell für Deutschland eine gute Lösung wäre, um den deutschen Staatshaushalt zu entlasten. Auf die Nachteile wird kaum eingegangen, hingegen werden Empfehlungen bzw. Lösungsvorschläge zur Implementierung aufgezeigt. (Püttmann & Müller, 2013) Diese Ergebnisse gehen aus Untersuchungen des CHE hervor, die Studie wurde nur von MitarbeiterInnen des CHE erstellt - wie ‚wissenschaftlich' diese Forschungs-ergebnisse tatsächlich sind, sei dahingestellt.

Alleine die Tatsache, dass ein Vergleich zwischen Australien und Deutschland aufgrund der geschichtlichen Hintergründe, die das Bildungswesen eines Landes stark beeinflussen, schwer möglich ist, wirft die Einführung dieses Programms einen kritischen Aspekt auf. Überdies liegen diesen hochschulpolitischen Maßnahmen lediglich ökonomische Kriterien zugrunde, welche die humanistische Bedeutung der Bildung nicht berücksichtigen. Auch die länderabhängigen strukturellen Unterschiede im Schulsystem werden nicht beachtet. Um die Einführung von AbsolventInnengebühren zu ermöglichen, muss beachtet werden, dass jene von den mittlerweile instabilen Arbeitsmarktbedingungen abhängig sind. Somit verlagert sich das finanzielle Problem von der Studienzeit auf den Arbeitsplatz. Die Lebensabsicherung durch die Erwerbsarbeit ist somit zusätzlich gefährdet, bzw. kann dies die StudentInnen sogar in die Schuldenfalle treiben. Abgesehen davon haben StudentInnen laut australischem Modell die Möglichkeit, die Gebühren vor Abschluss des Studiums zu bezahlen, was mit einem Nachlass verbunden ist. Dies geht mit sozialer Ungerechtigkeit einher und führt vermutlich nicht zu der, wie verlautbarten, Verringerung der abschreckenden Wirkung auf StudieninteressentInnen, denn die Gebühren sind nach wie vor zu zahlen, lediglich der zeitliche Termin verlagert sich.

Grundsätzlich ist zu erkennen, dass die Berstelsmann Stiftung und das CHE sich für Studiengebühren, in welcher Weise diese auch erfolgen, einsetzen. Die Argumentation ist auffallend positiv. Aufgrund von Behauptungen mit geringer Faktengrundlage, permanenter Wiederholung und weiterer Propagandatechniken wird die

Gutheißung von Studiengebühren verbreitet. Eine Studie, welche die positiven Effekte einer Implementierung aufzeigt und Empfehlungen zur Umsetzung und Einführung der Gebühren anbietet, dient dabei zur plausiblen Darstellung und besseren Vermarktung. In kleinen Schritten gelingt es dem Bertelsmann Konzern durch mediale Bekanntmachung die Bevölkerung zu überzeugen, so dass sie die Ergebnisse für wahr und richtig hält. Die viel beschworene Verbesserung und Effektivierung des Schulsystems wird aufgrund dieser Strategie nicht angezweifelt, sondern als einleuchtend empfunden.

Die Berteslmann-Stiftung stellt einen bedeutenden Think Tank dar, der nicht nur in Deutschland aktiv ist, sondern auch über die Grenzen hinaus wirkt. Sie übernimmt eine machtvolle und einflussreiche Stellung in der deutschen Politik und verfolgt neoliberale Konzepte der Modernisierung der Gesellschaft in Form von konkreten Aufgaben und Zielsetzungen. Aufgrund der institutionellen Stellung der Bertelsmann-Stiftung und der politikberatenden Tätigkeit kann der Think Tank dem advokatischen Typus von Think Tanks zugeordnet werden. Wie veranschaulicht, agiert beispielsweise das CHE im Hochschulbereich, aber auch andere Stiftungsabgänger, wie das „Centrum für angewandte Politikforschung" (CAP) das wesentlich bei Politikentscheidungen mitarbeitet. Nicht nur Politikberatung, sondern auch die Umsetzung der erarbeiteten Vorschläge und Meinungs-bildung der Gesellschaft sind die wesentlichen Aufgaben der Stiftung. (Lösch, 2007, S:278)

8 Ausblick

Die vorangegangenen Kapitel zeigen, dass 'Bildung' gegenwärtig gesamtgesellschaftlich eine bedeutende Rolle spielt und auch die Ökonomisierung in diesem Bereich schon seit einigen Jahrzehnten vor sich geht. Im Laufe der Zeit hat sich / wurde der Bildungsbegriff je nach gesellschaftlichen Veränderungen angepasst. Geprägt von historischen Ereignissen war der Bildungsbegriff immer schon kollektiven Diskussionen ausgesetzt. Zum einen wurde verlangt, dass Bildung der (demokratie-)pädagogischen Funktion entsprechen soll, also zu Mündigkeit und Autonomie führen soll. Zum anderen wurde Bildung immer mehr zum wirtschaftlichen Faktor, also zu messbaren Einheiten und Modulen übergeführt.

Des Weiteren zeigt die soziologische Analyse der Bildungsprozesse und -implikationen auch, dass Bildung soziale Selektion hervorruft. Dies beruht auf verschiedenen Ursachen. Einerseits wird dies historisch begründet, beispielsweise aufgrund der Trennung von Allgemein- und Berufsbildung. Andererseits wird argumentiert, dass die soziale Selektion mit der gesellschaftlichen Eingliederung zusammenhängt, welche je nach Erziehungspraktiken bzw. Erziehungsinhalten variiert. Fest steht, dass Bildungsungleichheiten zwischen den sozialen Schichten bestehen.

Im Laufe der Untersuchung konnte festgestellt werden, dass die Präsenz der Ökonomie in der Bildungsdebatte immer stärker vorhanden ist. Das Thema der Bildungsungleichheiten tritt aber in den Hintergrund und die (argumentative) Funktion des Humankapitals dominiert. Bildung wird von ökonomisch messbaren Kriterien gelenkt und nach diesen gestaltet. Effizienz und andere ökonomische Faktoren leiten bildungspolitische Maßnahmen. Als Folge ist die Transformation von Bildungsinhalten zum Warencharakter zu erkennen. Nicht nur Bildung, sondern auch der Mensch an sich wird zu einem marktfähigen Gut gemacht, indem individuelle Fähigkeiten einen Kapitalstatus erhalten. Den theoretischen Rahmen hierfür formt die Bildungsökonomie, welche die Humankapitaltheorie als Kernkonzept heranzieht. Die humanistische (menschen- und persönlichkeitsorientierte) Bedeutung von Bildung verliert ihren Wert und die Ökonomisierung von Bildung setzt sich durch.

Bildungspolitische Reformen setzen den Ökonomisierungstrend fort und streben nach Liberalisierung, Kommerzialisierung und Privatisierung der Bildung. Bildung steht dem Markt zur Verfügung und stellt Bildungssysteme in den Wettbewerb. Nicht nur innerhalb eines Landes ringen Bildungsinstitutionen um ihre Kunden, sondern auch länderübergreifend entsteht ein Konkurrenzkampf. Dieses Ringen der Wissenschaft bzw. der Humankapitalproduktion führt zu einem Transformationsprozess. Die kulturellen Unterschiede verlieren an Bedeutung; es sind globale Standards, die angestrebt werden, um Vergleich-barkeit und eine Vorbildwirkung zu schaffen. Gelenkt wird dieser Strukturwandel von transnationalen Institutionen, wie Weltbank, IWF, WTO, EU und OECD. Jene haben eine einzigartige Form der Kontrolle entwickelt, die durch verschleierte Strukturen gekennzeichnet ist. Dies führt auch dazu, dass sie sich jeglicher Verantwortlichkeit entziehen können, da die Handlungen nicht direkt bestimmten Personen zurechenbar sind. Nicht nur die eben genannten, wirtschaftspolitischen Institutionen verfügen über Macht. Die größte Herrschaft geht von Konzernen, Stiftungen, Lobby-Gruppen, u. dgl. aus, die im Hintergrund handeln. Jene stellen sich als Ratgeber der Politik hin, bestimmen aber durch ihren enormen Machteinfluss einen Großteil der nationalen Gesetzgebung. Dies hat zur Folge, dass demokratische Strukturen verdrängt bzw. missachtet werden.

Der schleichend vor sich gehende Strukturwandel stellt für die nationalen Akteure, also für die Politik, die BürgerInnen, SchülerInnen und LehrerInnen, jene Individuen, die direkt von den Auswirkungen der Ökonomisierung im Bildungswesen betroffen sind, eine natürliche, legale Entwicklung dar. Dies hängt mit der über lange Zeit eingespielten, neoliberalen Denkweise zusammen. Jene wird durch Beeinflussungsstrategien durchgesetzt. Die Theorie der Propaganda nimmt dabei die zentrale Rolle ein. Die ‚Bildungspropaganda' wird so positioniert, dass die ökonomischen Grundsätze im Bildungsbereich auf natürliche Art und Weise vermittelt werden. Es stellt sich heraus, dass JournalistInnen, KünstlerInnen, LehrerInnen, usw. die Schlüsselposition zwischen den machtvollen, transnationalen Akteuren (auch Elite genannt) und den BürgerInnen einnehmen. Sie übernehmen die Funktion von Meinungsbildnern und lenken und beeinflussen die Anschauung der Bevölkerung. Propagiert wir vor allem, dass die gesetzten, wirtschaftspolitischen Maßnahmen zur Verminderung von Armut, Steigerung der Lebensqualität und Verbesserung der wirtschaftlichen Entwicklung beitragen. Dabei übernimmt Bildung die Hauptrolle bzw. eine Schlüsselfunktion. Dies soll auch dazu führen, dass die soziale Ungleichheit verringert bzw. eliminiert wird. Die Erreichung dieser Ziele ist jedoch (noch) nicht gelungen.

Im Anschluss an diese eben geäußerten Erkenntnisse soll noch auf das Thema der sozialen Selektion, das im Bildungsbereich immer wieder aufgegriffen wird, eingegangen werden. So lässt sich schließen, dass die von den transnationalen Institutionen sowie von den global agierenden Konzernen, Stiftungen u. dgl. angewendete Strategie nicht nur die Ökonomisierung der Bildung hervorruft, sondern in diesem Zusammenhang auch soziale Selektion verstärkt. So kann geschlussfolgert werden, dass das eigentliche Kernproblem nicht lediglich in der wirtschaftlichen, sondern auch in der politischen Struktur, nämlich der Demokratie, zu suchen ist. Dabei bleibt an dieser Stelle die Frage offen, ob die gegenwärtige parlamentarisch-demokratische Struktur tatsächlich jene *Demokratie* verkörpert, die sie bekennender Weise verspricht?

Es ist eine Tatsache, dass Wirtschaft, Politik und Bildung eng miteinander in Verbindung stehen. Dies lässt ein Spannungsverhältnis entstehen, welches damit begründet werden kann, dass jede einzelne Disziplin verschiedene Ziele anstrebt. Durch die Verflochtenheit der Disziplinen und durch den vorherrschenden Strukturwandel ist die Erreichung der diversen Vorhaben jedoch schwer möglich. Gleichzeitig werden universal angestrebte Ziele formuliert, wie die Beseitigung von Armut, die Verringerung der Arbeitslosigkeit u. dgl. Neue Strukturen werden geschaffen, welche es ermöglichen sollen, diese Ziele zu erreichen. Jene neuen Strukturen werden aber nicht mit den nationalen Gegebenheiten abgestimmt. Dies erschwert die Erreichung der vorgegebenen Pläne und ermöglicht soziale Selektion zu reproduzieren, was in weiterer Folge Armut verstärkt und Arbeitslosigkeit erhöht. Somit stellt sich die Frage, ob sich hinter den vorgegebenen Zielen individualistisch geprägte Zwecke, wie Profit, Macht, Prestige, Erfolg, usw. verbergen.

Es ist wichtig, jene demokratischen Strukturen zu schaffen, welche es den BürgerInnen ermöglichen, ihre Selbstbestimmung zu bewahren. Dafür ist ein vielfältigerer Einsatz von direkt demokratischen Mitteln angebracht. Ferner ist es von Bedeutung, dass BürgerInnen soziale Kontakte pflegen, die zu Dialogen und Meinungsaustauschen führen. So können die Schaffung einer demokratischen Kultur gewährleistet und menschliche Werte gesichert werden. Die kulturelle Vielfalt stellt das Hauptmerkmal für Entwicklung dar, die nicht nur die Wirtschaft vorantreibt, sondern auch vor der Ökonomisierung der Bildung schützt. So ist es bedeutend, BürgerInnen als aufmerksame, wachsame und kritische Individuen zu bilden und erziehen, welche sich von den Ebenen der Politik und Wirtschaft nicht blenden lassen. An dieser Stelle wird vor allem an Eltern, LehrerInnen und SchülerInnen appelliert. Eltern werden ersucht, direkt auf die Bildungspolitik einzuwirken, sowie durch Erziehung ihre Kinder so zu fordern und fördern, dass jene Werte vermittelt werden, die nicht ausschließlich ökonomisch orientiert sind: wie Mitgefühl, Verantwortlichkeit und Realitätssinn. Für LehrerInnen ist es wichtig, dass sie sich nicht vom Druck der Propaganda und der Kontrolle fesseln lassen. Die grundlegenden Aufgaben der LehrerInnen sind SchülerInnen zu bilden und zu erziehen; so können humanistische (nach menschlichen Bedürfnissen orientierte und der Entwicklung der Persönlichkeit verpflichtete) Werte nachhaltig gesichert werden. Letztlich wird es als bedeutsam angesehen, dass besonders StudentInnen wachsam und aktiv sind. Jene haben die Möglichkeit, die Strukturen an den Hochschulen zu verändern, indem sie nicht den effizientesten und schnellsten Weg eines Abschlusses wählen, sondern jene Inhalte lernen, welche sie ‚wirklich wissen wollen'. Dies sind mitunter nicht gezwungener-maßen jene Inhalte, die das Curriculum des Bachelors oder Masters vorgibt. (Krautz, 2007, S. 223ff)

Abschließend ist es noch ein Anliegen zu erwähnen, dass diese Überlegungen von einem eher radikalen Gedanken heraus entstanden sind, der die Wahrnehmung für die kritischen Aspekte schärfen soll. Es soll nicht angenommen werden, dass die strukturellen Veränderungen lediglich negative Auswirkungen mit sich bringen, die positiven werden hier lediglich nicht angeführt. Es gibt sehr wohl viele Personen, die sich für das Allgemeinwohl einsetzen und auch sehr fortschrittliche, kollektive Ergebnisse erzielen. Jene haben erkannt, dass die Einflussnahme der Ökonomisierung auf Bildung gravierende Auswirkungen auf die Menschheit haben kann. Diese Arbeit soll vor allem dazu dienen, die LeserInnen darauf aufmerksam zu machen, welche Prozesse aktuell und schleichend den Warencharakter von Bildung und Bildungsinhalten (und damit indirekt auch den des Menschen) formen...

„Vor einer Verwandlung von Bildung in eine Ware schützt Bildung selbst, schützt der ihr innewohnende, kritische Gehalt. [...] Die Idee des Menschen, des Humanen, ist jener utopische Entwurf, der Lernen zu einem befreienden Projekt macht."

(Faschingseder, 2005, S. 217)

9 Literaturverzeichnis

Bücher

Becker, E. & Wagner, B. (1977). *Ökonomie der Bildung*. Frankfurt/Main, New York. Campus Verlag.

Bernays, E. (2013). *Propaganda - Die Kunst der Public Relation (1928,1955)* (Bde. deutsche Erstausgabe, vierte Auflage). (P. Schnur, Übers.) orange press.

Brock, D. (2008). *Globalisierung. Wirtschaft - Politik - Kultur - Gesellschaft*. Wiesbaden: VS Verlag für Sozialwissenschaften. GWV Fachverlage GmbH.

Combe, A. & Petzold, H.- J. (1977). *Bildungsökonomie - Eine Einführung*. Köln. Verlag Kiepenheuer & Witsch.

Eckardt, P. (2005). *Der Bologna-Prozess. Entstehung, Strukturen und Ziele der europäischen Hochschulreformpolitik*. Bonn. Books on Demand GmbH.

Eckhardt, W. (1978). *Bildungsökonomie, Entwicklung - Modelle - Perspektiven*. Berlin/Zürich: Verlag Dr. Max Gehlen.

Fuhrmann, M. (2002). *Bildung. Europas kulturelle Identität*. Stuttgart. Reclam Verlag.

Horlacher, R. (2011). *Bildung*. Göttingen: Verlag die Werkstatt.

Krautz, J. (2007). *Ware Bildung - Schule und Unviersitäten unter dem Diktat der Ökonomie*. Kreuzlingen/München. Heinrich Hugendubel Verlag.

Kupfer, A. (2011). *Bildungssoziologie. Theorien - Institutionen - Debatten*. Wiesbaden. VS Verlag für Sozialwissenschaften.

Liessmann, P. K. (2006). *Theorie der Unbildung. Die Irrtümer der Wissensgesellschaft*. Wien: Paul Zsolnay Verlag.

Lippmann, W. (1922). *Public Opinion*. (Projekt Gutenberg Online Book Catalog, Hrsg.) Wading River, Long Island. First Free Press Paperback Edition.

Löw, M. (2006). *Einführung in die Soziologie der Bildung und Erziehung*. Opladen & Farmington Hills. Verlag Barbara Budrich.

Maier, H. (1994). *Bildungsökonomie. Die Interdependenz von Bildungs- und Beschäftigungssystem*. Stuttgart. Schäffer-Poeschel Verlag.

Münch, R. (2009). *Globale Eliten, lokale Autoritäten. Bildung und Wissenschaft unter dem Regime von PISA, McKinsey & Co*. Frankfurt am Main. Suhrkamp Verlag.

Nohl, H. (1933). *Die Theorie und die Entwicklung des Bildungswesens*. Langensalza. Julius Beltz.

Nowotny, H. (1999). *Es ist so. Es könnte auch anders sein*. Frankfurt/M. Suhrkamp.

Ötsch, W. O. (2009). *Mythos Markt. Marktradikale Propaganda und ökonomische Theorie*. Marburg. Metropolis-Verlag.

Pasuchin, I. (2012). *Bankrott der Bildungsgesellschaft. Pädagogik in politökonomischen Kontexten*. Salzburg. VS Verlag für Sozialwissenschaften; Springer Fachmedien Wiesbaden.

Pechar, H. (2006). *Bildungsökonomie und Bildungspolitik*. Münster. Waxmann Verlag GmbH.

Preuß, U. (1975). *Bildung und Herrschaft. Beiträge zu einer politischen Theorie des Bildungswesens*. Frankfurt am Main. Fischer Taschenbuch Verlag.

Stiglitz, J. (2004). *Die Schatten der Globalisierung* (5. deutschsprachige Ausgabe). München. Wilhelm Goldmann Verlag.

Willke, G. (2003). *Neoliberalismus*. Frankfurt/Main. Campus Verlag GmbH.

Zeitschriftenaufsätze

Bernhard, A. (März 2007). Bildung als Ware - Die Biopiraterie in der Bildung und ihr gesellschaftlicher Preis. http://www.rosalux.de/fileadmin/rls_uploads/pdfs/Utopie_kreativ/197/197.pdf *Utopie kreativ*(197), S. 202 - 211.

Bittlingmayer, U. H. (2001). "Spätkapitalismus" oder "Wissensgesellschaft"?. http://www.bpb.de/apuz/26055/spaetkapitalismus-oder-wissensgesellschaft?p=all *Politik und Zeitgeschichte B36*, S. 15-23.

Graupe, S. (2012). Humankapital. Wie der ökonomische Imperialismus das Denken über Bildung bestimmt. *Wozu Bildungsökonomie?. Fachtagung 2011* (S. 35-50). Berlin: Deutscher Lehrerverband.

Human Development Network, T. W. (09 2002). World Bank strategy in the education sector: process, product and progress. http://han.ubl.jku.at/han/EBSCO2/www.sciencedirect.com/science/article/pii/S0738059302000032 *International Journal of Educational Development*, S. 429-437.

Krautz, J. (2011). Bildungsreform und Propaganda. *Wozu Bildungsökonomie?. Fachtagung 2011* (S. 51-82). Berlin. Deutscher Lehrerverband.

Laitko, H. (2005). Bildung und Globalisierung - Kleine Annäherungen an ein großes Thema. *Wissen und Bildung in der modernen Gesellschaft*, 25-74. http://www.hg-graebe.de/Texte/RLKonf-2005/laitko-05-1.pdf Leipzig. Rosa-Luxemburg-Stiftung Sachsen.

Lassnigg, L. (2003). Bildungspolitik zwischen Ökonomisierung und öffentlichem Gut? Fakten, Widersprüche, Kontroversen. *61*(Reihe Soziologie). Wien. Institut für Höhere Studien (IHS).

Schöller, O. (2001). "Geistige Orientierung" der Bertelsmann-Stiftung. Beiträge einer deutschen Denkfabrik zur gesellschaftlichen Konstruktion der Wirklichkeit. http://www.prokla.de/wp/wpcontent/uploads/2001/Prokla122.pdf
PROKLA (122). New Economy - neuer Kapitalismus? S. 124-143.

Thunert, M. (15. 12 2003). Think Tanks in Deutschland - Berater der Politik? http://www.bpb.de/apuz/27231/think-tanks-in-deutschland-berater-der-politik?p=all *Aus Politik und Zeitgeschichte,* S. 30-38.

Witte, J. (27. 11 2006). Die deutsche Umsetzung des Bologna-Prozesses. http://www.bpb.de/apuz/29378/die-deutsche-umsetzung-des-bologna-prozesses
Aus Politik und Zeitgeschichte. Hochschulpolitik, 48, S. 21-27.

Beiträge in Sammelwerken

Bauer, R. (2007). Die "Bertelsmannisierung" der Bürgergesellschaft. In J. Krauß, M. Möller, & R. Münchmeier, *Soziale Arbeit zwischen Ökonomisierung und Selbstbestimmung.* Kassel. Kassel University Press GmbH. (S. 485-501)

Becker, R. (2011). Bildungssoziologie - Was sie ist, was sie will, was sie kann. In B. Rolf, *Lehrbuch der Bildungssoziologie* Wiesbaden. VS Verlag für Sozialwissenschaften; Springer Fachmedien Wiesbaden GmbH. (S. 9-36).

Becker, R., & Lauterbach, W. (2010). Bildung als Privileg - Ursachen, Mechanismen, Prozesse und Wirkungen. In R. Becker, & W. Lauterbach, *Bildung als Privileg. Erklärungen und Befunde zu den Ur-*

sachen der Bildungsungleichheit. Wiesbaden: VS Verlag für Sozialwissenschaften; Springer Fachmedien Wiesbaden GmbH.

Bennhold, M. (2002). Die Bertelsmann Stiftung, das CHE und die Hochschulreform: Politik der 'Reformen' als Politik der Unterwerfung. In I. Lohmann, & R. Rilling, *Die verkaufte Bildung. Kritik und Kontroversen zur Kommerzialisierung von Schule, Weiterbildung, Erziehung und Wissenschaft* Opladen. Leske + Budrich. (S. 279-299).

Faschingseder, G. (2005). Bildung und Herrschaft. Alternativen zur Ökonomisierung der Bildung. In Österreichische HochschülerInnenschaft, & Paulo Freie Zentrum, *Ökonomisierung der Bildung. Tendenzen, Strategien, Alternativen.* Wien. Mandelbaum Verlag. (S. 203-220).

Hartung, L. (2010). "Half-an-idea machine" Die Mont Pèlerin Society zwischen Gelehrten-Gesellschaft und Think Tank. In T. Brandstetter, C. Pias, & S. Vehlken, *Think Tanks. Die Beratung der Gesellschaft* Zürich-Berlin. Diaphanes. (S. 87-111).

Hummelsheim, S., & Timmermann, D. (2010). Bildungsökonomie. In R. Tippelt, B. Schmidt, R. Tippelt, & B. Schmidt (Hrsg.), Handbuch Hildungsforschung Wiesbaden: VS Ver-lag für Sozialwissenschaften. Springer Fachmedien Wiesbaden GmbH. (S. 93-143).

Keller, F. (2008). Nomaden des wissenschaftlichen Feldes. Über die neue Geometrie des Wissens und die Kunst des Navigierens. In F. Schultheis, P.-F. Cousin, & M. Roca i Escoda, *Humboltds Albtraum. Der Bologna-Prozess und seine Folgen.* Konstanz. UVK Verlagsgesellschaft mbH. (S. 47-62).

Langthaler, M. (2005). Die Auswirkungen der Bildungsökonomie auf die Entwicklungsländer. In Österreichische HochschülerInnenschaft, & Paulo Freie Zentrum, *Ökonomisierung der Bildung. Tendenzen, Strategien, Alternativen* Wien. Mandelbaum Verlag. (S. 155-178).

Liesner, A., & Lohmann, I. (2009). Zur neoliberalen Transformation der Bildungseinrichtungen. In I. Erler, P. Lichtblau, & E. Renner,

Bildung unterm Hammer. Privatisierung und Umverteilung. Schulheft
133. Innsbruch-Wien-Bozen. Studien Verlag. (S. 9-19).

Lösch, B. (2007). Die neoliberale Hegemonie als Gefahr für die Demokratie. In C. Butterwegge, B. Lösch, & R. Ptak, *Kritik des Neolibe-*
ralismus. Wiesbaden. VS Verlag für Sozialwissenschaften. GWV
Fachverlage GmbH. (S. 221-283).

Ptak, R. (2007). Grundlagen des Neoliberalismus. In C. Butterwegge, B. Lösch, & R. Ptak, *Kritik des Neoliberalismus.* Wiesbaden. VS
Verlag für Sozialwissenschaften. GWV Fachverlage GmbH. (S. 13-
86).

Schultheis, F. (2008). Ein Resümee: Welche Universität für welches
Europa? In F. Schultheis, P.-F. Cousin, & M. Roca i Escoda, *Hum-*
boldts Albtraum. Der Bologna-Prozess und seine Folgen. Konstanz:
UKV Verlagsgesellschaft mbH. (S. 187-195).

Timmermann, D., & Weiß, M. (2011). Bildungsökonomie. In H.
Reinders, H. Ditton, B. Gniewosz, H. Reinders, H. Ditton, C. Gräsel,
& B. Gniewosz (Hrsg.), Empirische Bildungsforschung. Wiesbaden
VS Verlag für Sozialwissenschaften; Springer Fachmedien. (S. 165 -
178).

Wuggenig, U. (2008). Eine Transformation des universitären Feldes: Der Bologna-Prozess in Deutschland und seine Vorgeschichte.
In F. Schultheis, P.-F. Cousin, & M. Roca i Escoda, *Humboldts Alb-*
traum. Der Bologna-Prozess und seine Folgen. Konstanz. UVK Verlagsgesellschaft mbH. (S. 123-162).

Internetquellen

Bertelsmann SE & Co. KGaA. (2013). *Geschäftsbericht 2012.* Abgerufen am 19. 10 2013 von Das Unternehmen Bertelsmann.

Bertelsmann Stiftung. (2013a). *Die Stiftung.* Abgerufen am 18. 10
2013 von Bertelsmann Stiftung. Menschen bewegen. Zukunft ge-

stalten: http://www.bertelsmann-stiftung.de/cps/rde/xchg/SID-356F98A3-A6828622/bst/hs.xsl/2086.htm

Bertelsmann Stiftung. (2013b). *Geschichte.* Abgerufen am 18. 10 2013 von Bertelsmann Stiftung. Menschen bewegen. Zukunft gestalten: http://www.bertelsmann-stiftung.de/cps/rde/xchg/SID-356F98A3-A6828622/bst/hs.xsl/2088.htm

Bertelsmann Stiftung. (2013c). *Unsere Experten.* Abgerufen am 18. 10 2013 von *Bertelsmann Stiftung. Menschen bewegen. Zukunft gestalten*: http://www.bertelsmann-stiftung.de/cps/rde/xchg/SID-356F98A3-A6828622/bst/hs.xsl/2100.htm

Bertelsmann Stiftung. (2013d). *Unsere Projekte.* Abgerufen am 18. 10 2013 von Bertelsmann Stiftung. Menschen bewegen. Zukunft gestalten: http://www.bertelsmann-stiftung.de/cps/rde/xchg/SID-356F98A3-A6828622/bst/hs.xsl/2098.htm

Bertelsmann Stiftung. (2013e). *Ziele.* Abgerufen am 18. 10 2013 von Bertelsmann Stiftung. Menschen bewegen. Zukunft gestalten: http://www.bertelsmann-stiftung.de/cps/rde/xchg/SID-356F98A3-A6828622/bst/hs.xsl/2086.htm

Bertelsmann Stiftung. (2013f). *Startseite.* Abgerufen am 19. 10 2013 von Bertelsmann Stiftung. Menschen bewegen. Zukunft gestalten: http://www.sozialismus.de/archiv/sozialismus/2000/heft_nr_2_februar_2000/detail/artikel/internet-wirtschaft-oder-monopolherrschaft/

Bertelsmann Stiftung. (2013g). *Reformen.* Von Bertelsmann Stiftung. Menschen bewegen. Zukunft gestalten: http://www.bertelsmann-stiftung.de/cps/rde/xchg/SID-356F98A3-A6828622/bst/hs.xsl/2083.htm abgerufen

Bertelsmann Stiftung. (2013h). *Bildung.* Abgerufen am 10. 21 2013 von Bertelsmann Stiftung. Menschen bewegen. Zukunft gestalten: http://www.bertelsmann-stiftung.de/cps/rde/xchg/SID-74771242-59064A19/bst/hs.xsl/273.htm

Bertelsmann Stiftung. (2013i). *Motive des Stifers.* Abgerufen am 10.
21 2013 von Bertelsmann Stiftung. Menschen bewegen. Zukunft
sichern: http://www.booking.com/hotel/at/alpine-
club.de.html?label=fac419jc-hotel-de-at-alpineNclub-unspec-at-
com;sid=382d62acac8716794bea57497cebe3f7;dcid=1;checkin=2013-
11-29;checkout=2013-12-
01;srfid=57ba0b5301faf2446289e9c8105d2411b566e8e3X1

BertelsmannKritik. (08. 02 2009). *Univeristäten als Dienstleister.* Abgerufen am 21. 10 2013 von BertelmannKritik. Information. Kritik.
Aktion:
http://www.bertelsmannkritik.de/bildung.htm#dienstleister

Bibliographisches Institut GmbH. (2013). *Wortsuche: induzieren.* Abgerufen am 12. 09 2013 von DUDEN:
http://www.duden.de/node/752451/revisions/1138089/view

Bibliographisches Institut GmbH Dudenverlag. (2013). *Wortsuche:
Propaganda.* Abgerufen am 10. 09 2013 von DUDEN:
http://www.duden.de/node/659983/revisions/1240154/view

Bischoff, J. (01. 02 2000). *Sozialismus.* Abgerufen am 19. 10 2013 von
Internet-Wirtschaft oder Monopolherrschaft?:
http://www.sozialismus.de/archiv/sozialismus/2000/heft_nr_2_
februar_2000/detail/artikel/internet-wirtschaft-oder-
monopolherrschaft/

Brock-Utne, B. (2000). *Whose Education for All?* Abgerufen am 30. 09
2013 von Africavenir international:
http://www.africavenir.org/uploads/media/BrockUtneWhoseEd
ucation_05.pdf

Bundesministerium für Bildung und Forschung. (19. 06 1999). *Bo-
logna Declaration.* Abgerufen am 10. 10 2013 von Der Europäische
Hochschulraum. Gemeinsame Erklärung der Europäischen Bildungsminister: http://www.bmbf.de/pubRD/bologna_deu.pdf

CHE. (2013a). *Centrum für Hochschulentwicklung.* Abgerufen am 21. 10 2013 von Über Uns - Selbstverständnis: http://www.che.de/cms/?getObject=1082&getLang=de

CHE. (2013b). *Centrum für Hochschulentwicklung.* Abgerufen am 21. 10 2013 von Mission Statement: http://www.che.de/cms/?getObject=423&getLang=de

Deutscher Hochschulverband. (05. 10 2010). *Zur Neuordnung der Akkreditierung.* Abgerufen am 17. 10 2013 von Eckpunktepapier zur Neuordnung der Akkreditierung: http://www.hochschulverband.de/cms1/780.html

Dräger, J. (18. 09 2013). *Bertelsmann Stiftung. Menschen bewegen. Zukunft gestalten.* Abgerufen am 21. 10 2013 von Pressemeldung: http://www.bertelsmann-stiftung.de/cps/rde/xchg/SID-1B7084B8-5307E5EB/bst/hs.xsl/nachrichten_118192.htm

Europäische Kommission. (1995). *Weißbuch zur allgemeinen und beruflichen Bildung.* Abgerufen am 29. 08 2013 von Lehren und Lernen - Auf dem Weg zur kognitiven Gesellschaft: http://www.google.at/url?sa=t&rct=j&q=&esrc=s&frm=1&source=web&cd=2&cad=rja&ved=0CDYQFjAB&url=http%3A%2F%2Fbookshop.europa.eu%2Fde%2Fweissbuch-zur-allgemeinen-und-beruflichen-bildung-pbC29395411%2Fdownloads%2FC2-93-95-411-DE-C%2FC29395411DEC_001.pdf%3Bpgi

Exekutivagentur Bildung Audiovisuelles und Kultur. (04 2012). *Der Europäische Hochschulraum im Jahr 2012: Bericht über die Umsetzung des Bologna-Prozesses.* Abgerufen am 11. 10 2013 von http://www.bmwf.gv.at/fileadmin/user_upload/Bericht_ueber_die_Umsetzung_des_Bologna-Prozesses.pdf

Freier Zusammenschluss von StudentInnenschaften. (09. 06 2012). *Weiterentwicklung der Qualitätssicherung und -entwicklung - Kritik am derzeitigen Akkreditierungswesen.* Abgerufen am 17. 10 2013 von http://www.fzs.de/suchen/270505.html?searchshow=akkreditierung

Kultusministerkonferenz. (2010). *Ländergemeinsame Strukturvorgaben für die Akkreditierung von Bachelor- und Masterstudiengängen.* Abgerufen am 16. 10 2013 von Beschluss der Kultusministerkonferenz vom 10.10.2003 i.d.F. vom 04.02.2010: http://www.kmk.org/fileadmin/veroeffentlichungen_beschluesse/2003/2003_10_10-Laendergemeinsame-Strukturvorgaben.pdf

OECD. (2004). *Die Globalisierung in den Griff bekommen.* Abgerufen am 29. 08 2013 von Die Rolle der OECD in einer sich wandelnden Welt: http://www.oecd.org/general/33808614.pdf

Püttmann, V., & Müller, U. (09. 2013). *Das australische Modell: Vorbild für Deutschland? Informationen und Überlegungen zu nachgelagerten Studienbeiträgen.* (CHE, Hrsg.) Abgerufen am 22. 10 2013 von http://www.che.de/downloads/Australiens_Studienbeitragsmodell.pdf

Rechtsinformationssystem der Bundesregierung. (25. 07 2012). *Bundes-Verfassungsgesetz (B-VG).* Abgerufen am 09. 08 2013 von Erstes Hauptstück. Allgemeine Bestimmungen. Europäische Union: http://www.verfassungen.de/at/verfassungheute.htm

UNESCO. (2007a). *EFA Global Monitoring Report 2008. Education for All by 2015 - Will we make it?* Abgerufen am 03. 10 2013 von http://unesdoc.unesco.org/images/0015/001547/154743e.pdf

UNESCO. (2007b). *EFA Global Monitoring Report 2008. Regional overview: sub-Saharan Africa.* Abgerufen am 03. 10 2013 von http://unesdoc.unesco.org/images/0015/001572/157229E.pdf

Lexika

Holtmann, E. & Brinkmann, U. & Pehle, H. (Hrsg.). (1994). *Politiklexikon.* München, Wien. R. Oldenbourg Verlag.

Woll, A. (Hrsg.). (1993). *Wirtschaftslexikon.* München; Wien. R. Oldenbourg Verlag.

10 Abkürzungsverzeichnis

Abb.   Abbildung

Bez.   Bezeichnung

bzw.   beziehungsweise

CAP   Centrum für angewandte Politikforschung

CHE   Centrum für Hochschulentwicklung

d.h.   das heißt

DAC   Development Assistance Committee (Ausschuss für Entwicklungshilfe)

ECTS   European Credit Transfer System (Leistungspunktesystem)

EDV   Elektronische Datenverarbeitung

EFA   Education for All

etc.   et cetera

EU   Europäische Union

fsz   Freier Zusammenschluss von StudentInnenschaften

GATS   General Agreement on Trade in Services (Allgemeine Abkommen über den Handel mit Dienstleistungen)

IWF   Internationaler Währungsfond

MPS   Mont Pèlerin Society

NGO   non-governmental Organisation (Nichtregierungsorganisation)

NRW	Nordrhein-Westfalen
OECD	Organisation for Economic Co-operation and Development (Organisation für wirtschaftliche Zusammenarbeit und Entwicklung
öffentl.	öffentlich
PISA	Programme for International Student Assessment (Programm zur internationalen Schülerbewegung)
PR	Public Relation (Öffentlichkeitsarbeit)
RH	Renate Haider; Initialen der Autorin
SE	Europäische Aktiengesellschaft
TRIPS	Agreement on Trade Related Aspects of Intellectual Property Rights (Übereinkommen über handelsbezogene Aspekte der Rechte am geistigen Eigentum)
u. dlg.	und dergleichen
UNESCO	United Nations Educational, Scientific and Cultural Organisation (Organisation der Vereinten Nationen für Erziehung, Wissenschaft und Kultur)
UNO	United Nations Organisation
USA	United States of America (Vereinigte Staaten)
usw.	und so weiter
WTO	World Trade Organisation (Welthandelsorganisation)
z.B.:	zum Beispiel